U0506974

架起科学思维桥

小学六年级科学课拓展读物

韩玉彬　主编

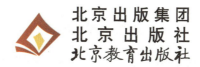
北京出版集团
北京出版社
北京教育出版社

图书在版编目（CIP）数据

架起科学思维桥：小学六年级科学课拓展读物 / 韩玉彬主编.
—北京：北京出版社：北京教育出版社，2021.9
ISBN 978 - 7 - 200 - 16545 - 6

Ⅰ.①架… Ⅱ.①韩… Ⅲ.①科学知识—小学—课外读物
Ⅳ.①G624.63

中国版本图书馆CIP数据核字（2021）第 139368 号

架起科学思维桥
小学六年级科学课拓展读物
韩玉彬　主编

*

北 京 出 版 集 团
北 京 出 版 社 出版
北 京 教 育 出 版 社
（北 京 北 三 环 中 路 6 号）
邮政编码: 100120
网址: www.bph.com.cn
京版北教文化传媒股份有限公司总发行
全 国 各 地 书 店 经 销
三河市明华印务有限公司

*

787 mm × 1 092 mm　16开本　17印张　335千字
2021年9月第1版　　2021年11月第2次印刷
ISBN 978 - 7 - 200 - 16545 - 6
定价: 48.00元

质量监督电话: （010）58572393　58572332　58572750

编 委 会 名 单

（排名不分先后）

前　言

　　《架起科学思维桥》的编写建立在教育科学出版社出版的北京地区六年级教科书《科学》的基础上，编者将教科书内容进行重新架构，把即将在初中学习的物理、化学、生物学科所需要的基本学习方法、实验技能以及思维品质等融入科学课教学中，并且在每一个教学设计后都配套有相应的"学习任务单"。全书在设计、编写上更适用于六年级学生学科思维培养与实验能力培养，是中小衔接阶段中一本优秀的自然科学学科读本。

　　尽管学生在课堂学科学、用科学，但更多时间是在生活中学科学、用科学。因此，引导学生坚持用科学的眼光观察生活中的现象，用科学的思维思考问题的答案，用科学的精神探究现象背后的本质是编写本书的目的。为此，本书在教学设计中处处体现从生活中来、到生活中去的思想，注重从学生熟悉的现象入手，经过科学的分析，使学生学习知识，然后再回到生活中，用所学知识解决生活中的实际问题或解释相关现象。正如陶行知先生所说，到处是生活，即到处是教育；整个社会是生活的场所，亦是教育的场所。

　　本书内容具有以下几个特点：一是趣味性。兴趣是入门的钥匙，用生动有趣的故事、奇妙的实验现象把学生带进科学王国，是学习科学的第一步。书中的许多内容以图画形式呈现，有助于学生以轻松愉快的心情进入知识情境之中，产生对科学的兴趣和探索科学问题的渴望。二是操作性。考虑到学生动手能力的培养，很多章节中都设置了学生动手实验或是动手制作的教学活动。一方面，增进学生对知识的理解；另一方面，学生在展示自己作品时，能体会到研究、制作的成就感。三是益智性。编者选择了大量有助于学生科学思考的问题，让学生在解决问题的过程中，获得学习力的提升和科学思维的训练，培养观察能力、分析能力、表达能力、动手实验能力等。四是教育性。本书篇尾部分编写了中国古代科技成就、中国近现代科学家的卓越贡献以及对人类未来生活的美好展望等内容。这些内容不仅能够使读者对我国古代科技进步有一定的了解，而且能增强他们科技强国的自信心，还能激发他们的爱国主义情怀。

书中课例注重创设真实的情境，展示奇妙的实验，增加学生的代入感；注重结合学生现有的知识经验，站在科学的角度分析和解释学生已知的现象，并在此过程中培养学生的科学思维品质和提升学生的科学能力素养。此外，生活化的教学活动设计使学生能够自主地发现并构建知识脉络，从而营造轻松、活泼、有观察与深度思维的课堂氛围。

总之，《架起科学思维桥》依托学生最熟悉、最感兴趣的生活实例，实现科学课教学的生活化、情境化，并将科学思维和科学知识渗透到每一节课程中。全书让学生在解决实际问题过程中认知科学现象，掌握科学概念，形成科学思维品质，明白科学研究的意义，进而引导、激励读者从科学爱好者向科学家方向努力发展。

科学是一个神秘的宝库，在这里充满乐趣和智慧的挑战。希望本书为更多的读者走进科学王国进而喜欢科学，用自己的智慧探索科学奥秘从而进行科学发明创造打开一扇大门。

编者

2021 年 5 月

目 录

第一章　聆听声音之妙

第一节　探究声音的产生与传播

教学目标：

1. 知识与技能

（1）了解声音是由物体的振动产生的。

（2）知道声音可以通过固体、液体和气体传播，真空不能传声。

（3）学会描述实验的方法。

（4）明白设计实验时，要设计对比实验和控制其他因素相同。

2. 过程与方法

（1）通过使物体发出声音的实验，得出声音是由物体的振动产生的结论。

（2）通过学生自制"土电话"，探究声音是否能在棉线中传播，并体会对比实验的重要性。

（3）通过敲桌子实验，探究声音能否通过桌面传播，体会排除其他因素干扰的重要性，为后续理解控制变量法打下基础。

（4）通过探究液体、真空能否传声等实验，逐步练习描述实验过程、现象、归纳结论的方法。

3. 情感态度与价值观

通过实验，体会对比法和控制变量法的重要作用，培养学生严谨的科学精神。

教学重点： 声音的产生和传播的条件。

教学难点： 引导学生设计实验探究固体、液体和气体能否传声。

教学过程：

教学环节	教师活动	学生活动	设计意图
一、引入主题	播放几段声音，让学生猜是由什么物体发出的	听声音，猜发声物体	引入主题，激发学生的学习兴趣

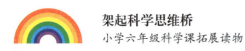

续表

教学环节	教师活动	学生活动	设计意图
二、探究声音是如何产生的	【提问】我们每天都要听到各种物体发出的声音，那么声音是如何产生的呢？ 请同学们利用直尺、皮筋、鼓、音叉等实验器材或是自己身边的物体，使它们发出声音，并思考发声的物体有什么共同特点	使物体发出声音，并概括发声体的共同点，即都在振动	通过学生实验，概括出声音是由物体的振动产生的
三、探究声音的传播	探究1：真空能否传声？ 【提问】 1. 同学们能听出老师的声音是通过什么传播的吗？ 2. 没有空气声音还能传播吗？ 演示真空罩中的电铃实验，请学生描述现象、归纳结论	描述现象，并练习描述实验的方法，即通过操作＋看、听、摸，感受到了什么。 【回答】 1. 通过空气。 2. 不能。 归纳结论：真空不能传声	通过实验，探究真空能否传声，锻炼学生描述现象和归纳结论的能力
	探究2：桌面（固体）能否传声？ 让同学们利用自己的课桌，探究固体能否传声。 耳朵贴近桌面，听到了敲桌子的声音，是否就能证明桌子能传播声音？　　用手捂住另一只耳朵，依然能听到敲桌子的声音，说明了什么？ 【提问】 1. 耳朵贴近桌面，听到了敲桌子的声音，是否就能证明桌子能传播声音，为什么？ 2. 如何才能充分证明桌面可以传播声音？ 3. 由上面的实验可见，设计实验要注意什么	做实验，体验桌面能否传声。 【回答】 1. 不能，因为声音可能是通过空气传播的。 2. 将暴露在空气中的耳朵堵住，还能听见敲桌子的声音，证明声音一定是由桌面传播的。 3. 设计实验要排除其他因素干扰	通过学生最熟悉的桌面进行实验，探究固体能否传声，并在其中体会设计实验时要排除其他因素干扰的要点

续表

教学环节	教师活动	学生活动	设计意图
	探究3：请同学们利用纸杯、细线自制一个"土电话"，并用它探究棉线能否传声。 【提问】 1. 通过"土电话"听到对方的声音，是否就能证明棉线能够传播声音？为什么？ 2. 要想充分证明棉线在"土电话"传播声音过程中是必不可少的，该如何做？ 3. 通过以上实验可见，设计实验要注意什么 声音大小要相同，间隔距离要相同，实验者听力要相同的…… 1.其他条件相同 有棉线时，听到了声音　　没有棉线时，听不到声音 2.对比	小组合作制作土电话，并展开探究。 【回答】 1. 不能，因为声音也能通过空气传播。 2. 要做两次对比实验，两次实验用相同大小的声音，一次实验有棉线，另一次实验将棉线剪断，如果没剪断时听得见，剪断时听不见，就证明声音一定是通过棉线传播的。 3. 要设计对比实验；要控制其他影响因素相同	通过自制"土电话"探究棉线是否能传声，体会实验设计的两个要点：1. 要设计对比实验；2. 要控制其他因素相同。为后续用控制变量法设计实验打下基础
	探究4：让学生设计实验验证液体能够传声。 给学生提供手机、密封袋、装有水的容器，让学生设计实验证明液体能够传声。 让学生通过上述所有实验，总结能得出哪些结论	设计并完成实验，得出结论：液体可以传声。 总结：声音可以在固体、液体、空气中传播，真空不能传声	让学生设计实验探究液体能否传声，总结实验结论
四、介绍贝多芬的故事	介绍贝多芬在双耳失聪后，通过用牙咬着木棒，再把木棒抵在钢琴上听声音，创作出了许多优秀音乐的故事，引发学生的思考	聆听、感受、思考	让学生体会不被困难打倒的顽强精神
五、归纳总结	让学生回想一下，本节课都学习了哪些知识？哪些方法？有什么感悟	回想、梳理知识和方法。 学习了声音产生和传播的知识，学习了设计实验的要点和描述实验的方法。 要向贝多芬学习坚忍不拔的精神	引导学生梳理、回顾，总结知识和方法，为以后的学习打基础

学习任务单

一、声音是如何产生的?

可选器材:直尺、皮筋、鼓、音叉。

实验操作:

实验现象:

实验结论:

二、声音是如何传播的?

实验现象:

实验结论:

操作实验:制作"土电话"

制作过程(图片)

使用过程(图片)

实验表明:声音可以通过_____传播。

知识总结:声音由物体_____产生,声音可以通过_____、_____、_____传播,真空_____传声。

技能总结:1.描述实验的方法,即通过操作 + 看、听、摸,感受到了什么?

2.设计实验时,要_____,要控制其他因素相同。

第二节　乐音三要素：音调、响度和音色

教学目标：

1. 知识与技能

（1）了解乐音三要素：音调、响度和音色。知道音调和响度由什么决定。

（2）能区分音调、响度和音色。

2. 过程与方法

（1）通过听音调、响度不同的声音，说出区别，知道音调和响度的意义。通过"闻其声，知其人"小活动，体会不同物体发出声音的音色不同。

（2）通过实验探究音调、响度由什么决定。

（3）通过手机示波器软件，显示不同声音的波形，体会不同物体发出声音的频率、振幅和波形的区别。

3. 情感态度与价值观

通过聆听美妙的声音，体会乐音的美妙，体会物理的美。

教学重点： 乐音三要素。

教学难点： 音调、响度由什么决定。

教学过程：

教学环节	教师活动	学生活动	设计意图
一、引入主题	给学生听下面几首乐曲的节段选，让他们说说有什么不同？《青藏高原》《歌剧2》《滚滚长江东逝水》。【引入】我们用音调表示声音的高低	听声音，体会区别。【回答】声音的高低不同	引入主题，引发思考
二、探究音调高低由什么因素决定	【提问】音调的高低由什么因素决定？演示拨动尺子的实验，让学生观察尺子振动的快慢，聆听声音音调的不同，并总结实验结论。展示音叉上标记的频率数值（512赫兹，256赫兹），敲击两个音叉，让学生听声音音调的高低，并观察示波器软件中显示的两个音叉发出声音的波形	观察实验并听声音。归纳结论：音调高低由振动快慢决定。观察、倾听、发现。频率高的音叉发出声音的音调高	通过实验，概括出音调由振动快慢决定的结论

续表

教学环节	教师活动	学生活动	设计意图
三、探究响度大小由什么因素决定	让学生听两段响度不同的音乐，并说说有什么不同。 我们用响度表示声音的大小。 【提问】响度的大小由什么因素决定？ 如何才能改变敲鼓发出声音的大小？请同学演示下，让学生观察鼓面振动幅度，并听鼓声的大小，然后问所有学生，由刚才的实验能得出什么结论？ 听蚊子发出的声音和牛的叫声，说一说有什么不同	听声音，体会区别。 【回答】 声音的大小不同。 演示实验，轻敲鼓面，声音响度小；用力敲击鼓面，声音响度大。 结论：响度由振动幅度（振幅）决定。 【回答】 蚊子发出的声音音调高，响度小；牛的声音音调低，响度大	通过学生实验，概括出响度由振幅决定的结论。 通过实例区分音调与响度的区别
四、音色	【小游戏】"闻其声，知其人" 请所有的同学闭上眼睛，老师走到某位同学跟前，轻轻地拍一下学生肩膀，学生便用自己的声音说"猜猜我是谁"，看其他同学能否猜出是谁在说话。然后再找几名同学，重复游戏。 【提问】 为什么能通过声音来区分不同的人呢？ 用示波器软件显示出不同同学的声音波形，体现出每个人声音的不同。 我们用音色来区分不同物体发出的声音。 播放多种乐器的声音，用示波器软件显示它们的波形，猜一猜分别是什么乐器，说一说你是根据什么区分的	做游戏，听音辨人。 【回答】 不同的人声音有不同特色。 观看波形，聆听声音，体会不同声音的不同。 【回答】 根据音色不同区分的	通过小游戏体会不同的人发出声音有所不同，从而引入音色的概念。通过示波器切实看到不同声音的区别

续表

教学环节	教师活动	学生活动	设计意图
五、自制乐器	展示一些自制乐器，演奏简单的乐曲，请同学们发挥自己的创造力，回家用身边的物品，制造一些简单的小乐器，并演奏简单的乐曲 	观看、聆听、思考。 回家以后动手制作、调试、演奏简单的小乐曲	激发学生的创造力，为下节课做准备
六、归纳总结	让学生回想一下，本节课都学习了哪些知识	回想、梳理、总结	引导学生梳理、回顾知识，总结方法，为以后的学习打基础

学习任务单

一、响度表示声音的_____，由_____决定。

二、音调表示声音的_____，由_____决定。

三、音色用来_____不同物体发出的声音。

四、说一说：蚊子发出的声音与牛的叫声有什么不同？

操作实验：自制乐器

用身边容易获得的材料，试着制作一件小乐器，使其音调能够改变，并尝试演奏简单的乐曲。看看以下制作方案能否给你启发。

方案一：向 8 个相同的玻璃瓶中灌入不同高度的水，仔细调节水的高度，敲击它们，就可以发出"1，2，3，4，5，6，7，i"的声音来。

方案二：将吸管的一端压扁，含入口中用力吹，吸管中空气柱振动，发出声音。将吸管剪得更短，吹气时声音的音调会发生改变。如果在吸管的合适位置打孔，就可以把吹管变成一件可以演奏的乐器。

尝试用自制的乐器演奏乐曲《小星星》。

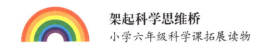
第三节 自制乐器音乐会

教学目标：

1. 知识与技能

（1）能说出自己制作的小乐器的发声原理。

（2）能改变自制乐器的音调，吹出音阶，并解释音调改变的原因。

（3）能用自制乐器演奏一小段音乐。

2. 过程与方法

（1）通过展示一些具有启发性的实例，激发学生的创造欲望和创造力。

（2）通过展示自己制作的乐器，说明发声的原理和改变音调的方法，加深对知识的理解。

3. 情感态度与价值观

感受创造的乐趣，体验展示分享的快乐。

教学重点： 展示自制乐器并说明发声原理。

教学难点： 利用自制乐器演奏一段乐曲。

教学过程：

教学环节	教师活动	学生活动	设计意图
一、引入主题	请同学们拿出自己自制的小乐器，邀请同学向大家展示自己制作的小乐器，说一说它的发声原理和改变音调的方法	思考、展示、聆听	引入主题，展开活动
二、展示环节	1. 水瓶琴 让学生用自制水瓶琴演奏《两只老虎》《小星星》等乐曲	学生说明水瓶琴的发声原理： 敲击瓶子，瓶子振动发出声音。 说明改变音调的方法：瓶中装水量不同，水越多，瓶子振动越慢，发出声音的音调越低；水越少，瓶子振动越快，发出声音的音调越高	通过展示自制乐器，说明发声原理和改变音调的方法，加深对知识的理解

续表

教学环节	教师活动	学生活动	设计意图
	2. 音乐碗 让学生展示自己用大小不同的碗组成的一组乐器，演奏《金孔雀轻轻跳》《金蛇狂舞》等乐曲	学生说明音乐碗的发声原理：敲击碗，碗振动发出声音。 说明改变音调的方法：碗的大小不同，振动快慢不同，发出声音的音调就不同。敲击不同大小的碗，碗发出声音的音调不同	通过展示自制乐器，说明发声原理和改变音调的方法，加深对知识的理解
	3. 塑料膜卡祖笛 让学生展示用粗吸管、塑料膜做成的"卡祖笛"，向"卡祖笛"吹气，"卡祖笛"便发出奇妙的笛声	学生说明"卡祖笛"的发声原理： 气流通过吸管时，引起塑料膜的振动，塑料膜发出声音。 当气流通过吹管的快慢不同时，塑料膜振动快慢不同，发出声音的音调不同	通过展示自制乐器，说明发声原理和改变音调的方法，加深对知识的理解
	4. 瓶瓶罐罐打击乐 让学生展示用瓶瓶罐罐制作的乐器，通过敲击发出声音，十分有趣	学生解释瓶瓶罐罐的发声原理： 敲击时瓶瓶罐罐振动发出声音，敲击不同的瓶瓶罐罐，瓶瓶罐罐振动频率不同，发出声音的音调不同	通过展示自制乐器，说明发声原理和改变音调的方法，加深对知识的理解

续表

教学环节	教师活动	学生活动	设计意图
	5.让其他学生展示自制乐器 	展示讲解	通过展示自制乐器,说明发声原理和改变音调的方法,加深对知识的理解
三、总结、评价	引导学生互评,推选出优秀的自制乐器	学生评价、推选好的作品	鼓励学生

学习任务单

一、展示你自制的小乐器,并说说乐器的发声原理和改变音调的方法。

二、比比谁的乐器有新意,谁演奏得好。

自制乐器图片	发声原理及改变音调的方法

第四节 噪声的危害和防治

教学目标：

1. 知识与技能

（1）知道乐音和噪声的定义，能够区分乐音和噪声。

（2）知道减弱噪声的三种方式，会利用这些方式减弱噪声。

2. 过程与方法

（1）通过阅读，学习有关噪声和乐音的知识。

（2）通过列举生活中的实例，掌握减弱噪声的三种方式。

3. 情感态度与价值观

感受噪声对学习和生活的影响，体会遵守课堂纪律的重要性。

教学重点： 噪声的防治。

教学难点： 增强学生减弱噪声的意识。

教学过程：

教学环节	教师活动	学生活动	设计意图
一、引入主题	播放一段优美的乐曲和一段装修时电钻等发出的声音，让学生描述一下感受	聆听，说出感受	引入主题，展开活动
二、乐音和噪声	【提问】有些声音悦耳好听，有些声音刺耳难听，它们是如何产生的？有什么不同点？ 请同学们阅读文章《乐音与噪声》前5段，并回答相关问题： 1.什么是乐音？ 2.乐音的三要素是什么？它们分别由什么决定	阅读、理解、圈画、答题	通过阅读、自学，掌握相关知识
	展示图片，请同学们说一说，噪声会对人产生哪些危害？ 	看图，回答问题。噪声干扰人的正常休息、工作和学习，严重时甚至损害健康，危及生命	使学生了解噪声的危害，形成避免噪声危害的意识和不制造噪声的公德意识

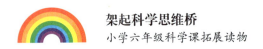

续表

教学环节	教师活动	学生活动	设计意图
三、减弱噪声的方式	如何才能减弱噪声呢？让学生结合经验和生活中的实例说一说。 请同学们阅读《乐音与噪声》的后3段，总结减弱噪声的三种方式，并列举出相应的实例	上课时操场上传来噪声，可以关闭门窗。 很吵的时候捂住耳朵，可以减弱噪声。 考试时学校会关闭自动的广播铃声等。 阅读文章，理解、思考、回答问题	结合学生已有生活经验和文章内容，总结出减弱噪声的三种方式
四、体验教室中的噪声	噪声会干扰我们的学习和生活，超过70分贝的噪声就会干扰谈话，造成心烦意乱，精神不集中，严重影响我们的学习和生活。同学们知道课堂上的噪声是多少分贝吗？指导学生用声级计测量一下。 实时投影声级计示数变化。 如果课堂上有人不遵守纪律，随意说话，我们再看看，声级计的示数会轻易超过70分贝，对此大家有什么感想 ≡ 声级计 ○ 72 04：35 嘈杂马路 42 68 79 最小 平均 最大	观看声级计示数，发现正常上课情况下，教室中的背景噪声约为40分贝。 观看、体会、回答。 随意在课堂上说话，会使噪声超过70分贝，影响其他人正常的学习，损人不利己，应该避免这种行为	使学生了解身边声音的分贝值。 感受随意在课堂上说话的危害，形成良好的课堂氛围
五、总结、评价	提问：本节课同学们都学到了哪些知识或方法，有哪些感悟	学生思考、总结、表达	引导学生回想、梳理、总结

学习任务单

请大家阅读文章《乐音与噪声》，回答后面的问题。

乐音与噪声

有些声音悦耳好听，称之为乐音。有些声音刺耳难听，称之为噪声。物理学上认为物体有规律振动发出的声音为乐音，物体无规则振动发出的声音为噪声。但是从生活的角度说，凡是干扰人们正常工作、学习、休息的声音均为噪声。

乐音有三个要素，音调、响度、音色。

音调是声音的高低，由振动频率决定（即每秒振动的次数），单位为赫兹（Hz），声源每秒振动 500 次，则声音的频率为 500 赫兹。振动频率越高，音调越高，声音越尖细。女生的声音通常比男生的高，就是由于女生声带振动的频率更高。

响度描述声音的大小，由振幅决定，振幅增大，响度变大。响度的单位是分贝（dB），超过 70 分贝的声音，便会干扰人们的正常工作和学习，属于噪声。

我们是根据音色区分不同物体的声音的。这一点在生活中有广泛的应用，例如：买西瓜时用手敲一敲，通过西瓜发出声音的音色来判断西瓜是否成熟，再比如"闻其声而知其人"等。

噪声不仅干扰人们的正常工作和学习，长期处在噪声的环境中还会影响人们的健康，甚至危及生命。那么如何才能减弱噪声呢？

一、在声源处减弱，是指在声音的产生处减弱噪声。例如：考场外禁止鸣笛；建筑工地晚上禁止施工；枪械的消音器等，均属于在声源处减弱噪声。二、上课时，操场上很吵，你会如何做？关闭门窗，这是在传播过程中减弱噪声。生活中道路两旁种树、修隔音墙、隔音屏，均是利用这种方式来减弱噪声。三、当听到震耳欲聋的声音时，我们会不由自主地捂住耳朵，这便是在人耳处减弱噪声。生活中的耳塞、隔音耳罩都属于在人耳处减弱噪声。

声音的知识与日常生活息息相关，并且有广泛的应用，让我们动手动脑继续探寻声音的奥秘吧。

1. 从物理角度，噪声是 _____。

2. 从生活角度，噪声是 _____。

3. 噪声的大小可以用_____来表示，超过_____的声音就会影响人的正常工作和学习。

4. 减弱噪声的方式：在_____减弱、在_____减弱、在_____减弱。

5. 学过了噪声的知识，你是否对课堂纪律有了新的认识，平时在上课时你该如何做？

第五节　超声波及其应用

教学目标：

1. 知识与技能

（1）知道人耳听力范围，超声波和次声波的定义。

（2）知道超声波在生活中有广泛的应用。

2. 过程与方法

（1）通过阅读，了解有关超声波、次声波的知识。

（2）通过列举生活实例了解超声波在生活中的广泛应用。

3. 情感态度与价值观

知道超声波在生活中有广泛的应用，体会科学技术为我们的生活带来的便利。

教学重点： 超声波、次声波的定义。

教学难点： 了解超声波在生活中的应用实例。

教学过程：

教学环节	教师活动	学生活动	设计意图
一、复习回顾，引入主题	【提问】 1. 声音的高低叫什么？由谁决定？ 2. 频率的单位是什么？ 3. 声源的频率为 50 赫兹，则声源 1 秒振动的次数是多少？ 4. 人是不是任何频率的声音都能听得见	思考、回答	回顾知识，引入主题，展开教学
二、超声波、次声波的定义	播放《听力范围测试》视频，并让学生确定自己可以听见的声音频率范围。 再次提问：人是不是任何频率的声音都能听得见？ 人耳能听见的声音频率范围是从 20 赫兹至 20 000 赫兹，低于 20 赫兹的声音被称为次声波，高于 20 000 赫兹的声音被称为超声波 0 Hz 20 Hz　　　　　20 000 Hz 次声波　　声波　　　　超声波 <20 Hz　20~20 000 Hz　>20 000 Hz	倾听、记录、表达。 回答：不是。 倾听，填写学习任务单	通过聆听，体验人耳的听力范围，了解超声波和次声波的知识
三、超声波的应用	请同学们阅读《超声波及其应用》，回答后面的问题： 1. 超声波有哪些应用？ 2. 这些应用与超声波的哪些特性相对应	学生阅读文章，总结超声波的特点和应用	锻炼学生获取信息和总结归纳的能力

续表

教学环节	教师活动	学生活动	设计意图
	超声波的应用 { 传递信息 { 声呐 / B超 } / 传递能量 { 加湿器 雾化机 / 超声碎石 } }	观察、思考	让学生了解超声波的应用
四、次声波的危害及其防护	介绍次声波的产生条件及次声波对人体产生的危害。提出问题：如何才能防护次声波武器对人的危害	思考、回答。声波不能在真空中传播，因此可以利用抽成真空的屏障，来防护次声波武器对人的危害	创设情境，提出问题，让学生利用学过的知识解决实际问题
五、总结、评价	提问：本节课同学们都学到了哪些知识或方法，有哪些感悟	学生思考、总结、表达。科学技术能服务于人们的生活，掌握知识能避免危害	引导学生回想、梳理、总结

学习任务单

一、请听频率从低到高的声音，回答下列问题。

1. 描述你能听见声音的频率范围。

2. 随着频率增加，声音的音调是如何变化的?

二、请根据人耳可听见的频率范围，将声波划分范围。

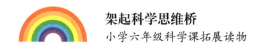

三、请阅读文章《超声波及其应用》，回答后面的问题。

超声波及其应用

超声波是一种频率高于 20 000 赫兹的声波，它的方向性好，穿透能力强，易于获得较集中的声能，在水中传播距离远，可用于测距、测速、清洗、焊接、碎石、杀菌消毒等。在医学、军事、工业、农业上有很多的应用。超声波因其频率下限大于人的听觉上限而得名。

科学家们将每秒钟振动的次数称为声音的频率，它的单位是赫兹 (Hz)。我们人类耳朵能听到的声波频率为 20~20 000 赫兹。因此，我们把频率高于 20 000 赫兹的声波称为超声波。

理论研究表明，在振幅相同的条件下，一个物体振动的能量与振动频率成正比，超声波在介质中传播时，介质质点振动的频率很高，因而超声波能量很大。在中国北方干燥的冬季，如果把超声波通入水罐中，剧烈的振动会使罐中的水破碎成许多小雾滴，再用小风扇把这些小雾滴吹入室内，就可以增加室内空气湿度，这就是超声波加湿器的原理。又如咽喉炎、气管炎等疾病，很难利用血流使药物到达患病的部位，利用加湿器的原理，把药液雾化，让病人吸入，能够提高疗效。超声波巨大的能量还可以使人体内的结石做剧烈的受迫振动而破碎，从而减缓病痛，达到治愈的目的。超声波在医学方面应用非常广泛，还可以对物品进行杀菌消毒。

1. 超声波在什么方面超越了声波，因此被称为超声波？

2. 超声波具有哪些特性？

3. 超声波有哪些应用？

章节总结

学习了本章，你一定收获了很多知识、学会了一些方法，请你梳理所学知识，总结方法，然后回答下面的问题。

1. 声音是如何产生的？

2. 声音怎样传播？什么不能传声？

3. 乐音三要素

4. 减弱噪声有哪些方式？对应的实例有哪些？

5. 如何描述实验现象？

6. 如何设计实验？

7. 你还有哪些收获？

第二章　领略光学之美

第一节　光的产生和传播

教学目标：

1. 知识与技能

（1）通过列举实例认识光源。

（2）通过对比实验了解光的直线传播的条件。

（3）知道光的直线传播的现象和应用。

2. 过程与方法

（1）通过观察光的直线传播现象，能描述光的直线传播路径。

（2）观察手影形成实验，描述其主要特征并解释原因。

3. 情感态度与价值观

（1）观察光分别在空气中和在水中传播的实验现象，养成实事求是、尊重客观规律的科学态度。

（2）通过观察影子和日食、月食的图片，激发对科学的求知欲，能保持对自然界的好奇，乐于探索自然。

教学重点：光的直线传播条件及其应用。

教学难点：用光的直线传播知识解释生活中的有关现象。

教学过程：

教学环节	教师活动	学生活动	设计意图
一、创设问题情境，引入新课	【活动】请同学们欣赏一段视频《手影戏》。引导学生思考：手影的形成需要什么条件？ 条件：需要有发光的物体、障碍物	观看视频，思考影子的形成条件	以手影引入新课，让学生感受光带来的乐趣，激发学生学习的欲望

教学环节	教师活动	学生活动	设计意图
二、光源 （1）光源的概念 （2）光源的分类 （3）传播光的介质	【过渡】我将带领大家走入五彩斑斓的光的世界，了解光的现象。 【概念】光源：能够自行发光的物体叫光源（如太阳、发光的手电筒就属于光源）。 【提出问题】 问题1：让学生举例身边常见的光源。 问题2：引导学生对光源进行分类。 【概念】光源的分类 （1）天然光源（太阳、萤火虫、水母）。 （2）人造光源（发光的灯泡、点燃的蜡烛）。 【练习】引导学生判断： 灯笼鱼、钻石、月亮、发光的射灯中，哪些属于光源？ 属于光源：灯笼鱼，发光的射灯。 不属于光源：钻石、月亮。 【提出问题】由光源发出的光能向外传播出去吗？又是怎样传播的呢？ 【活动】 通过看一段视频，一起寻找光的足迹…… （思考：光可以在哪里传播？） 结论1：光可以在真空中传播。 结论2：光可以在介质中传播	列举身边常见光源并对光源进行分类。 观看视频，思考光可以在哪里传播，什么情况下能看到光束。 通过演示实验得出结论： 光在固体中沿直线传播； 光在液体中沿直线传播； 光在气体中沿直线传播	让学生了解光源。 知道天然光源与人造光源。 培养学生应用所学知识判断简单问题的能力。 创设情境，观察光在空气中的传播路径，为下面的学生实验做铺垫
三、探究光沿直线传播的条件 （1）全面认识光的传播现象 （2）光在同种介质中的传播现象	【提出问题】同学们观察到的光的传播路径是什么样的呢？ 引导学生抓住光传播的特征。 【提出问题】从光源发出的光一定都是沿直线传播的吗？ 演示实验1. 桌上放有一杯水，用激光笔向杯内发出一束激光（光的折射现象）。 演示实验2. 一块平面镜放在桌上，用激光笔向平面镜斜射发出一束激光（光的反射现象）。 光的折射 光的反射	知道光沿直线传播是有条件的。	通过实验的直观性，引导学生比较全面地认识光的传播现象。

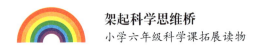

续表

教学环节	教师活动	学生活动	设计意图
（3）光线 （4）光沿直线传播的条件	说明： 1. 光的传播不一定都是沿直线的。 2. 光可以在透明介质中传播。 【提出问题】光在什么条件下会沿直线传播呢？ 思考：什么样的情况下能看见光的传播路径？ 【活动】 引导学生设计"探究光在同种介质中的传播情况"实验方案。 选用器材：激光笔、饮料瓶、水、果冻、透明香皂、艾灸条。 实验 1. 研究光在空气中的传播情况。 实验 2. 研究光在水中的传播情况。 实验 3. 研究光在透明固体中的传播情况。 （指导学生记录实验现象，拿笔画出观察到的光线） 结论：光在空气中、在液体中、在透明固体中都沿直线传播。 经过论证，科学家认为光在真空中也是沿直线传播的。 【过渡】 同学们在描述光的传播情况时，都用到一条带箭头的直线。 【概念】 在物理上用带箭头的直线来描述光传播的路径和方向，这样的直线叫光线。 说明：1. 光线描述出了光传播的路径。 　　　2. 光线不是真实存在的。 　　　3. 光线是假想模型。 【提出问题】在同一种介质中，光在任何情况下都沿直线传播吗？ 【演示实验】 激光照射到糖水中，对比在相同浓度和不同浓度糖水中光传播的路径。 光在均匀糖水中的传播　　光在不均匀糖水中的传播 【结论】 光沿直线传播的条件：光在同种均匀介质是沿直线传播的	经历实验探究过程，知道光在空气中、在液体中、在透明固体中都沿直线传播。 建立"光线"物理模型：直线表示光的传播路径，箭头表示光的传播方向。 观看演示实验，得出结论：光在同种均匀介质中沿直线传播	让学生自己体验实验过程，探究光在不同介质及同一种介质中的传播路径，采用对比实验，更有利于培养学生的科学探究能力。 知道光线、学会画光线。 引导学生建立"光线"物理模型，并理解模型法的物理意义。初步培养学生利用物理模型来研究物理问题的能力，深化科学思维。 采用对比实验，更有利于培养学生的科学探究能力

续表

教学环节	教师活动		设计意图
四、影子的形成及其相关应用	【提出问题】 引导学生思考并解释：影子的形成及其相关应用 1. 影子是怎样形成的？ 2. 日食、月食是怎样形成的？ 3. 解释立竿见影现象。 4. 日晷、圭表有哪些相同点？ 5. 站队时怎样才能站齐？ 6. 瞄准射击的原理是什么？ 7. 激光准直的原理是什么	影子是由光的直线传播形成的，即光遇到不透明的障碍物时在障碍物后形成的较暗区域。 观看日食、月食的形成视频。 列举生活中光沿直线传播的应用实例	培养学生观察、分析以及总结的能力。 从物理学视角认识客观事物的本质属性、体会科学与社会的联系。 培养学生运用物理知识解决简单问题的能力
五、归纳总结	围绕着光的传播这个主题，我们以手影为线索，认识了光的直线传播条件及其在生产、生活中的应用。 在探究光沿直线传播的条件中，认识了光源，构建了"光线"这个物理模型，通过对比等方法，得出了在同种均匀介质中光沿直线传播的结论。 在光直线传播的应用中，以影子的形成为核心，从影子拓展到日食、月食、圭表、日晷、排队、瞄准、激光准直等	请一位同学发言：在这节课上我的收获是什么？其他同学补充	使学生对本节课所学知识有系统的认识

学习任务单

【学习目标】

1. 通过列举实例认识光源。

2. 通过对比实验了解光沿直线传播的条件。

3. 知道光的直线传播现象及其应用。

4. 知道光线，能描述光的传播路径。

5. 知道影子的形成原理。

【学习重点】光沿直线传播的条件及其应用

【学习难点】用光的直线传播知识解释影子的形成，会画光路图。

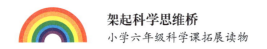

主题 1　光的产生和传播

一、光源：能够＿＿＿＿＿＿＿＿的物体叫光源。

分类：

二、光的传播

1.观察光在空气、水、玻璃中传播的路径。

光在空气、水、玻璃中是沿＿＿＿＿＿＿传播的。

2.观察光从一种介质（空气）斜射入另一种介质（水或玻璃）中的现象，归纳结论。

结论（1）：光沿直线传播的条件之一是＿＿＿＿＿＿＿＿＿＿＿＿＿。

观察光在均匀和不均匀的糖水中的传播路径，归纳结论。

光在均匀糖水中的传播	光在不均匀糖水中的传播
激光笔	激光笔

结论（2）：光沿直线传播的条件之二是＿＿＿＿＿＿＿＿＿＿＿＿＿＿＿＿＿。

总结：光在＿＿＿＿＿＿＿＿＿＿＿＿＿＿＿＿＿＿＿＿＿中沿直线传播。

三、光沿直线传播的现象：请画出影子形成的光路图。

第二节 光的反射

教学目标：

1. 知识与技能

（1）通过日常生活图片，了解光的反射现象。

（2）通过实验探究，了解光的反射定律。

（3）了解光在反射时光路是可逆的。

2. 过程与方法

通过实验探究，会根据光的反射定律，画出光的反射光路图。

3. 情感态度与价值观

（1）通过探究光的反射定律，养成实事求是、尊重规律的科学态度。

（2）通过动手制作潜望镜，提高将科学技术应用于日常生活的能力。

教学重点： 光的反射定律。

教学难点： 用光的反射定律知识解释潜望镜的原理，画光路图。

教学过程：

教学环节	教师活动	学生活动	设计意图
一、创设情境，引入新课	【活动】表演一个魔术：《盒子的魔法》。 【实验操作】 1. 当在一束光的传播路径上插入一个不透明纸板时，观察发生的现象。 现象：光点消失。 2. 将盒子放在光的传播路径上，在盒子里插入不透明的纸板，观察发生的现象。 现象：光点没有消失。 【提出疑问】 盒子是有魔法吗？ 引导学生观察现象并思考	学生观察现象，思考并尝试解释：光在盒子中不是沿直线传播，而是绕过了纸板	以魔术表演引入新课，满足学生的好奇心。两次操作的强烈对比会让学生从好奇到想知道，再到要知道，从而激发学生学习的欲望。从生活走向物理

续表

教学环节	教师活动	学生活动	设计意图
二、新课教学：探究光的反射定律 （1）讲解光的反射现象 （2）讲解法线	【过渡】 魔法是不存在的，魔术只不过是利用了一些物理规律。 尝试分析一下这个魔术：光在盒子里并没有沿直线传播，而是绕过了纸板。 【引导学生思考】 1. 在生活中见过光不沿直线传播的哪些现象？ 2. 通过现象总结共同点。 【概念】 1. 光的反射：光遇到水、玻璃以及其他物体的表面都会发生反射。 2. 入射光线、反射光线、入射角、反射角、入射点。 【探究】 光在反射时遵循的物理规律。 【问题】 反射光线的方向与入射光线的方向之间有什么关系？ 【视频】 请同学们观看光的反射视频，引导学生观察。 【概念】 1. 法线：经过入射点作一条垂直于反射面的直线，我们就以这条线作为基准，这条基准线，我们称之为法线。 2. 入射角：入射光线与法线的夹角叫入射角，用字母 i 表示。 3. 反射角：反射光线与法线的夹角叫反射角，用字母 r 表示。	1. 利用手中的小镜子，将镜面对着太阳光，移动镜子进行观察。 现象：移动镜子，在墙上形成的光斑也会移动。 2. 利用激光演示仪，将激光束射到平面镜上。 （在气雾背景下，会看到一去一回两条光线。） 现象：激光演示仪发出的光束射到平面镜上会有光线从平面镜射出。	利用学生已有的经验，由浅入深，培养学生观察、分析以及总结的能力，培养学生的科学思维。 学生刚开始很难描述反射光线的位置，在教师的引导下，引入法线后，学生发现反射光线的位置容易描述了，体会到引入法线的必要性。

续表

教学环节	教师活动	学生活动	设计意图
（3）实验"探究反射角与入射角的关系"	【问题】反射角与入射角有什么关系呢？ 【实验】 实验装置如图所示，一束激光射到装置下方的平面镜上，过入射点垂直于平面镜的线是法线，左右两侧板上分别显示出入射光线和反射光线的径迹，多次改变入射角，记录下相应的反射角，比较二者是否相等。设计实验记录表格并记录实验数据。 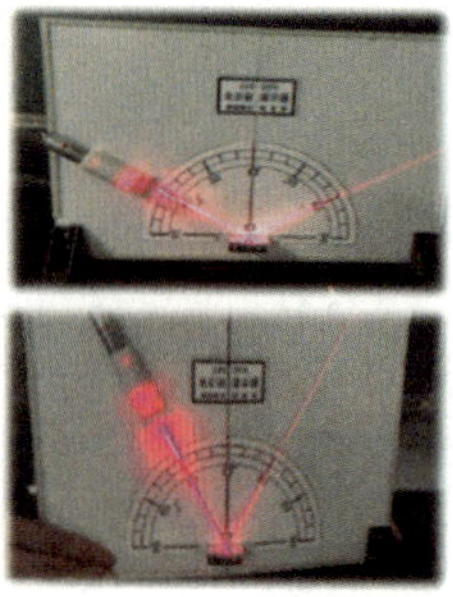 【记录数据】 <table><tr><td>入射角／度</td><td>反射角／度</td></tr><tr><td>10</td><td>10</td></tr><tr><td>15</td><td>15</td></tr><tr><td>30</td><td>30</td></tr><tr><td>45</td><td>45</td></tr><tr><td>60</td><td>60</td></tr><tr><td>75</td><td>75</td></tr></table>	猜想：反射角等于入射角。 进行实验操作，观察现象，记录数据。	引导学生猜想。让学生自己设计实验及实验表格，探究光的反射规律，分析实验数据，总结规律，培养学生科学探究能力。
	【结论】 光的反射现象中，反射角等于入射角。 【视频】 确定平面镜的位置，画出法线。 作出一条入射角为30度的入射光线。 如何寻找反射光线？ 测量出反射角的度数，并和入射角的度数进行比较。 【拓展】 插针法：（不用激光，另一种确定反射光线的方法）	结论： 光的反射中，反射角等于入射角。	培养学生观察、分析及概括总结的能力。
（4）探究反射光线、法线、入射光线的关系	【问题】 反射光线、法线、入射光线是否在同一平面内？ 【视频】 观看视频。 【结论】 光在反射时，反射光线、法线、入射光线在同一平面内。 【拓展】 光垂直入射时，反射光线、法线、入射光线重合。	【猜想】反射光线、法线、入射光线可能在同一平面内。 【结论】 光在反射时，反射光线、法线、入射光线在同一平面内。	培养学生应用所学知识判断简单问题的能力。 验证猜想，激发学生学习的动力。

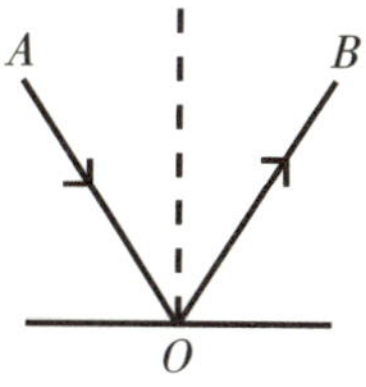

教学环节	教师活动	学生活动	设计意图
（5）光的反射定律	【总结】 光的反射定律： 反射光线、入射光线与法线在同一平面内； 反射角等于入射角； 反射光线、入射光线分居在法线两侧。 特殊情况： 垂直入射时，反射光线、法线、入射光线重合。	沿 OA 方向射出。	学生通过亲身体验、观察、对比和思考，提升科学思维以及科学探究能力。
（6）画光路图	【练习】 根据光的反射定律来确定反射光线的位置。 讲解总结： 先画法线，然后量出入射角，最后根据反射角等于入射角画出反射光线。 【问题】 若光沿 BO 方向入射到 O 点，反射光线会沿哪个方向射出？ 【结论】 在光的反射现象中，光路是可逆的。		
（7）光的反射现象的应用：动手制作潜望镜	【揭秘】 还记得这个魔术盒子吗？你能猜出里面的具体构造吗？ 拆开盒子，向学生展示其内部构造，确定光的传播路径。挡板插入时，从外面看，好像挡板位于光的传播路径上，实际上并没有。 【应用】 制作活动：自制潜望镜。 利用老师提供的材料，自制一个潜望镜，检测是否能通过它观察到障碍物之后的景物，并向其他同学解释其原理 完成图粘贴处	回答：盒子里面应该有一面镜子，利用了光的反射	培养观察、解释物理现象及动手的能力

续表

教学环节	教师活动	学生活动	设计意图
三、归纳总结	在科学探究方面，我们根据自然现象建构出相应的物理模型，并利用物理模型去进一步探究光的反射规律。 在知识方面，我们学习了光的反射定律，知道光路是可逆的。 利用光的反射定律解决一些实际问题，如确定平面镜的位置。 通过动手制作潜望镜，理论联系实际，提高将科学理论应用于日常生活的能力	总结学完本节课后的收获	帮助学生构建知识体系

学习任务单

【学习目标】

1. 能说出生活中光的反射现象；通过实验，了解光的反射定律。

2. 知道光在反射时光路是可逆的。

3. 根据光的反射定律画出光的反射光路图。

4. 通过探究光的反射规律，养成实事求是、尊重客观规律的科学态度。

5. 通过动手制作，提高将科学技术应用于日常生活的能力。

【学习重点】探究光的反射规律，掌握光的反射定律。

【学习难点】会根据光的反射定律画出光的反射光路图，解释生活中光的反射现象。

主题 2 光的反射

一、试一试，你能利用镜子改变阳光的传播方向吗？

1. 发现利用镜子可以起到怎样的作用？

2. 这种现象被称为 _____。

二、光的反射与我们的生活

1. 在黑暗（完全没有光）的情况下，人眼无法看到物体，是因为要想看到物体，需要有 _____。

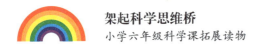
2. 我们为什么能看到那些自身不发光的物体？（比如书本、桌面、其他人等）

因为_____。

看见自身不发光的物体

3. 为什么用潜望镜在海面下就能观察到海面上的景物？试一试，用光路图来解释，并尝试动手制作一个潜望镜吧！

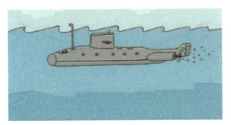

制作活动 1：自制潜望镜

利用老师提供的材料，自制一个潜望镜，检测是否能通过它观察到障碍物之后的景物，并向其他同学解释其原理。

完成图粘贴处

制作活动 2：全息投影——游动的水母

观察全息投影及其工作过程，课后尝试自制一个全息投影。

第三节 神奇的透镜

教学目标：

1.知识与技能

了解透镜的作用，认识透镜在投影仪、照相机、眼镜等中的应用。

2.过程与方法

（1）学会区分凸透镜和凹透镜，知道透镜对光线的作用。

（2）在对凸透镜在不同条件下成不同性质的像的探究过程中，学会分析比较的研究方法。

（3）使用凸透镜动手制作照相机模型，提高动手能力，加深对照相机工作原理的理解。

3.情感态度与价值观

（1）通过对凸透镜成像特点的研究，激发学生对科学的求知欲。初步形成将科学技术应用于实际的意识。

（2）通过制作和使用照相机模型，获得成功的喜悦，并乐于探索自然现象和日常生活中的物理学原理。

（3）通过对光学器材发展史的介绍，丰富知识，了解科技的进步，培养乐于创新的精神。

教学重点：了解透镜对光线的作用以及透镜在生活中的应用。

教学难点：影响凸透镜成像特点的因素。

教学过程：

教学环节	教师活动	学生活动	设计意图
一、引入主题	演示：使用自制手机投影仪播放动画片。 提问：演示所使用的工具叫什么？制作一个这样的手机投影仪需要什么器材？拆开盒子观察结构 	观看视频。 观察手机投影仪并思考	激发学习兴趣，并引发思考

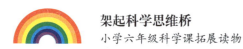

架起科学思维桥
小学六年级科学课拓展读物

续表

教学环节	教师活动	学生活动	设计意图
二、认识透镜及其对光线的作用	1. 揭秘手机投影仪的重要组成部分：凸透镜。 透镜：用透明物质制成的，至少有一个面为球面的一部分的光学元件。 介绍不同形状特点的透镜，进行分类 凸透镜：中间厚、边缘薄；凹透镜：中间薄、边缘厚	观察不同透镜的结构特点	通过对手机投影仪的使用，了解透镜的作用，引起对透镜的好奇心
	2. 通过图片讲解透镜的分类：凸透镜和凹透镜。 凸透镜：中间厚、边缘薄的透镜。 凹透镜：中间薄、边缘厚的透镜。 介绍：透镜的主轴和光心	指出哪些透镜是凸透镜	明确透镜的基本概念
	3. 通过光路图讲解透镜对光线的作用。 提问：请描述所观察到的现象。 凸透镜对光线有会聚作用。 凹透镜对光线有发散作用	观察实验，回答：平行光透过凸透镜后会聚；平行光透过凹透镜后发散	利用光路图，解释会聚和发散的含义
	4. 凸透镜的焦距和焦点，测焦距的方法以及凸透镜在生活中的应用	估测手中凸透镜的焦距	会测量凸透镜的焦距
	5. 介绍两条特殊光线分别通过凸透镜和凹透镜时的传播路径。 （1）平行于主轴的光线。 （2）过光心的光线	画出两条特殊光线的传播路径	介绍特殊光线。知道利用特殊光线，可在光路图中确定像的位置及像的特点

续表

教学环节	教师活动	学生活动	设计意图
三、投影仪	提出 2 个观察问题。 （1）投影仪主要由哪几个部分组成? （2）成像过程中各部分的摆放位置有什么特点	回答:（1）投影片、凸透镜、屏幕。 （2）投影片离镜头越近，屏幕距离镜头越远，像越大	初步感受投影仪的成像原理，并体会投影仪的成像特点
四、照相机	1. 通过图片介绍照相机的发展史: 1839 年，达盖尔发明第一台照相机; 1846 年，照相机引入中国; 1888 年，柯达公司发明胶卷，胶卷照相机诞生; 1975 年，柯达技术人员赛尚研制出第一台数码相机; 今天有各种不同功能的照相机。 同学们，虽然照相机发生了巨大变化，但是有一个元件始终没变，是什么	观看照相机发展史，回答问题:镜头依然是凸透镜	了解科技进步的阶段。 强调凸透镜在光学元件中的地位和重要性
	2. 通过照相机简化图分析照相机的构造和成像特点。 和投影仪的结构很像，对不对? 不同的是这次我们需要使较大的物体在底片上形成一个缩小的像。怎么做到的	照相机的镜头就相当于一个凸透镜，底片放在机箱内部，相当于接收像的光屏。 回答:物距很大，像距很小	引发学生思考照相机成像和投影仪成像的区别
	3. 制作照相机模型 	使用自制的投影仪模型，改装成为不同形状的照相机模型	启发学生开拓思维，了解投影仪和照相机的异同
	4. 通过光路图分析照相机的成像原理。 以点光源 S 发出的两条光线为例，平行于主光轴的光线过凸透镜后过右焦点，过透镜光心的光线不发生偏转，在 S' 处放置光屏，将接收到倒立、缩小的实像	尝试利用两条特殊光线找出对应的像点	用物理原理解释现象，体会物理源于生活

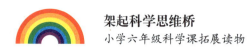

续表

教学环节	教师活动	学生活动	设计意图
	5.联系生活实际,讲解照相机拍照技巧。 (1)用自制的照相机对准窗外的景物,如何调整才能在照相机的底片上呈现出清晰的像? (2)比较照相机所成的像与拍摄的物体的关系,照相机成的像是_____(填"正立"或"倒立")的、_____(填"放大"或"缩小")的。 (3)如果想拍摄更远处的景物,照相机的镜头是需要伸长些还是缩短些? 结合实际使用,分析实验图,发现只有缩小物距,同时加大像距,才可以得到更大的且清晰的像	(1)动手调节物距和像距。 (2)观察照相机所成像的特点。 (3)猜想:照相机的镜头要伸长些	联系生活实际,体会生活中处处有物理
五、放大镜	通过光路图解释放大镜的成像原理。 生活中常用的放大镜也是凸透镜。这一次,凸透镜成的像我们可以用眼睛看到,却不能被光屏接收到,这是为什么? *S* 点发出的光,经过凸透镜后虽然比之前会聚了一些但并没有会聚成像,人眼接收到光线后会认为光线是沿直线传播的,于是在光线的反向延长线上就看到了像,这样的像能用眼睛看到但不能被光屏接收到,称之为虚像	动手在学案中画一画	通过光路图进一步了解放大镜成的像是虚像
六、归纳总结	1.透镜。<table><tr><td>凸透镜</td><td>凹透镜</td></tr><tr><td>中间厚、边缘薄</td><td>中间薄、边缘厚</td></tr><tr><td>对光线有会聚作用</td><td>对光线有发散作用</td></tr><tr><td colspan="2">光心、焦点、焦距</td></tr></table>2.生活中的透镜:投影仪、照相机、放大镜、眼镜等	谈一谈:自己在本节课上的收获	及时总结本节课知识

学习任务单

【学习目标】

1. 了解透镜的作用。

2. 认识透镜在投影仪、照相机、放大镜、眼镜等中的应用。

【学习重点】了解透镜对光线的作用。

【学习难点】认识透镜在照相机中的应用以及照相机的成像原理。

主题3 神奇的透镜

一、透镜

1.下面这两种能够让光通过的光学器件有什么不同？

凸透镜：＿＿＿＿＿＿＿＿＿＿＿＿＿＿＿＿＿＿＿＿＿＿＿＿＿。

凹透镜：＿＿＿＿＿＿＿＿＿＿＿＿＿＿＿＿＿＿＿＿＿＿＿＿＿。

2.观察光通过凸透镜和凹透镜后的现象，说一说它们分别对光线起什么作用？并完成光路图。

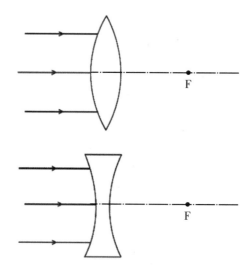

二、阅读下文并回答问题。

用冰取火

从前，有一个探险队到达了南极洲。那正是南极洲的夏季，说是夏季，温度其实也在零下20摄氏度左右，南极的夏天没有黑夜白昼之分，柔和的太阳一直徘徊在天空，把它那几乎使人感觉不到的温暖默默地赐给探险队员们。

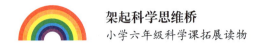

南极的天气变化无常，探险队员们顽强地抵抗着无情的大自然带来的寒冷和风暴，进行科学探测。当他们到达一个孤岛上时，一件意想不到的事情发生了：要动手生火烧水做饭，打火器却找不到了，能找的地方都找了，也不见打火器的踪影。

没有火，就不能工作；没有火，就不能生活；没有火，生命就受到威胁。

大家一筹莫展，陷于绝望。

"难道就真的束手无策，等待无情的死神到来？"一个年轻的队员，望着惨白无力的太阳和茫茫的冰原，久久地思索着。

他取了一块冰，用小刀轻轻地刮，用温暖的双手不断摩挲，慢慢地，制成了一个光洁透明的半球形的"冰透镜"。

他举着"冰透镜"，向着太阳，让太阳光穿过"冰透镜"，形成焦点，射在一团干燥蓬松的火绒上。一分钟，两分钟……火绒冒出一缕淡淡的青烟。又过了一会儿，火绒上出现了一个红点，接着便燃烧了起来！

这团红红的火，驱散了死的威胁，带来了生的欢乐；这团红红的火，恢复了探险队员们的正常生活。他们欢呼跳跃，像在欢庆一个重大的节日。

在我国，早在晋代张华的《博物志》中就记载："削冰令圆，举以向日，以艾承其影，则得火。"可见我国古代人早就掌握了用冰取火的方法了。

1. 你觉得用来取火的"冰透镜"是哪种透镜？为什么？

2. 阅读完这篇文章，你有什么感想？

3. 生活中你是否利用过透镜？它起到了怎样的作用呢？

三、生活中的透镜

1. 凸透镜可以使光线会聚，光源发出的光线经过凸透镜后会怎样呢？请观察实验，描述现象。

2. 照相机就是利用凸透镜对光线的会聚作用，在底片上成像，最终拍摄出照片的。请动手尝试制作一个"简易照相机"，并回答下列问题。

制作活动：简易照相机

（1）用自制的照相机对准窗外的景物，如何调整，才能在照相机的底片上呈现出清晰的像？

完成图粘贴处

（2）比较照相机所成的像与被拍摄物体的关系，照相机成的像是_____（填"正立"或"倒立"）的，_____（填"放大"或"缩小"）的。

（3）如果想拍摄更远处的景物，照相机的镜头是需要伸长些还是缩短些？

第四节　多彩的颜色

教学目标：

1. 知识与技能

了解色散现象，知道物体的颜色是由什么因素决定的。

2. 过程与方法

探究光的色散，体验探究的过程与方法。

3. 情感态度与价值观

（1）培养学生尊重客观事实、实事求是的科学态度。

（2）通过探究性活动，获得成功的喜悦，乐于参与物理学习活动。

教学重点：

（1）色散现象，阳光的组成。

（2）物体呈现不同颜色的原因。

（3）光的三原色与颜料的三原色。

教学难点：

（1）决定物体颜色的因素。

（2）会区分光的三原色与颜料的三原色。

教学过程：

教学环节	教师活动	学生活动	设计意图
一、引入新课	由生活中的自然现象提问：在阳光的照射下，雨后的天空中会出现美丽的彩虹；人工喷泉在空中喷出细小的水珠，有时也能形成"人造彩虹"…… 这些美丽的色彩是从哪里来的呢？ 难道阳光是由这些美丽的色彩构成的吗	思考问题并回答：阳光分解出不同颜色的彩色光带	利用学生熟悉的生活经验，引发他们思考
二、色散现象	演示实验：让太阳光通过三棱镜，在墙上形成由红、橙、黄、绿、蓝、靛、紫七种颜色组成的彩色光带。 	学生观察，得出结论：白光是由多种色光复合而成的。	帮助学生掌握"白光是由各种单色光组成的"这一基本知识。

续表

教学环节	教师活动	学生活动	设计意图
	介绍生活中的彩虹成因和汽车车灯的色散现象	观察生活中的彩虹	体会生活与物理知识的紧密联系
三、光的三原色	首先利用光谱分析的方法研究投影仪的光谱，红、绿、蓝三种色光没有发生色散，说明投影仪发出的红、绿、蓝三种色光确实是单色光，但其他色光却发生了色散现象，说明投影仪发出的黄、橙、紫等色光如同白光一样，属于复色光。进一步查阅资料，发现原来投影仪经分色镜后只发出红、绿、蓝三种颜色的光，投影仪显示出的其他颜色的光都是这三种颜色的光组合而来的，从而得出光的三原色	观察现象，并思考分析原因	知道光的三原色是红、绿、蓝
四、透明物体的颜色	介绍无色透明物体、彩色透明物体以及滤光片的应用	动手实验，并观察思考	知道透明物体颜色的成因
五、不透明物体的颜色	提问：你知道树叶最讨厌哪种颜色的光吗？讲解：不透明物体的颜色由它反射的色光决定，比如树叶反射绿光，就显示绿色。如果物体反射所有的色光，就显示白色。物体吸收所有的色光，就显示黑色 吸收大部分光，反射红光，看到红色　　吸收大部分光，反射绿光，看到绿色	思考、回答、聆听	激发兴趣，了解不透明物体的颜色

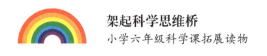

续表

教学环节	教师活动	学生活动	设计意图
六、颜料的混合和颜料的三原色	青（绿蓝，水蓝） 蓝（紫蓝，群青） 绿 黑 品红（玫红） 红 黄 介绍颜料的三原色为：品红、黄、青，并引导学生对色彩进行调配	学生观察"光的三原色与颜料的三原色"图片	知道颜料的三原色是黄、品红、青
七、不同色光照射到物体上的显色情况	请将下图中的变色龙涂上你喜欢的颜色，然后用不同颜色的透明塑料卡放在上面，观察变色龙的颜色是否改变？并记录下颜色的变化。 ____色 + ____色 = ____色。 ____色 + ____色 = ____色。 ____色 + ____色 = ____色。 ____色 + ____色 = ____色	尝试动手做实验，加以验证	知道光与物体显色的关系。 通过不同色光照射到不同颜色物体上的实拍照片，进一步体会光与色彩的关系
八、归纳总结	回想：这节课同学们有什么收获？ 1、白光是由各种单色光组成的。 2、光的三原色是红、绿、蓝。 3、颜料的三原色是品红、青、黄	说一说：本节课的收获	巩固、回顾本节课内容

学习任务单

【学习目标】

1. 色散现象，阳光的组成。

2. 物体呈现颜色的原因。

3. 光的三原色与颜料的三原色。

【学习重点】色散现象及其原理。

【学习难点】决定物体颜色的因素；会区分光的三原色与颜料的三原色。

主题4　多彩的颜色

一、光的色散

1.观察阳光经过三棱镜折射的现象，描述你所看到的现象。试着解释它是如何产生的？由此可以得出什么结论？

现象：_____，这种现象被

称为_____。

产生原因：_____。

结论：_____是由_____组成的。

2.你在生活中见过类似的现象吗？

二、物体的颜色

体验活动1：会变色的"变色龙"

请将下图中的变色龙涂上你喜欢的颜色，然后用不同颜色的透明塑料卡放在上面，观察变色龙的颜色是否改变？并记录下颜色的变化。

_____色 + _____色 = _____色。　　_____色 + _____色 = _____色。

_____色 + _____色 = _____色。　　_____色 + _____色 = _____色。

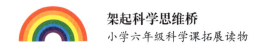

章节总结

学习了本章节，你一定收获了很多知识、学会了一些方法，请你梳理所学知识，总结方法。然后回答下面的问题。

1. 光在什么条件下沿直线传播？

2. 光在真空中是否能够传播？

3. 我们为什么能看到自身不发光的物体？

4. 如何区分凸透镜与凹透镜？

5. 凸透镜和凹透镜对光线的作用分别是什么？

6. 照相机所成像的特点是什么？

7. 光的色散现象说明了什么？

8. 学习了《领略光学之美》这一章，你还有哪些收获？

第三章　巧用机械之便

第一节　撬动地球的力量——杠杆

教学目标：

1.知识与技能

（1）认识杠杆，能从常见工具和简单机械中识别出杠杆。

（2）知道杠杆的概念，会初步识别杠杆的五要素，并能准确找出支点、动力、阻力、动力臂、阻力臂。

2.过程与方法

通过观察和实验，了解杠杆的几个基本概念。

3.情感态度与价值观

关心社会生产、生活，保持对自然现象的好奇心，并乐于探索自然现象和日常生活中的物理学知识。

教学重点：杠杆的五要素。

教学难点：理解引入"力臂"的原因，杠杆示意图中动力臂和阻力臂的画法。

教学过程：

教学环节	教师活动	学生活动	设计意图
一、创设情境引入杠杆概念	出示钉有铁钉的木板，请两位同学尝试徒手将铁钉拔出。 提醒学生可以借助一些工具来实现，请他们再试一试。 教师：生活中人们常利用一些简单的机械，今天学习其中的一种简单机械——杠杆。 提问：生活中常见的杠杆有哪些？ 展示图片，它们有哪些共同的特点？ 	学生尝试直接用手拔铁钉，未成功。 利用羊角锤和老虎钳轻松完成任务。 列举生活中常见的杠杆。 观看图片，体会"物理就在身边"，思考并讨论这些杠杆有什么共同特点？	创设情境，激发学生的学习兴趣。 展示生活中常见的工具，使学生体会到物理来源于生活，又应用于生活

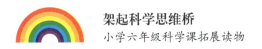

续表

教学环节	教师活动	学生活动	设计意图
	告诉学生人们用的最简单的杠杆就是撬棒。展示图片——撬棒。 我们就以撬棒和羊角锤为例来认识杠杆。让学生观察图片，思考在人施加力后它们做怎样的运动	观看图片，知道人们利用撬棒是为了轻松地撬动物体，思考并回答人用力向下压撬棒时，撬棒发生了怎样的运动	
二、演示开门和关门，创设利于理解力臂的情境	师生共同得出杠杆的定义。请根据使用撬棒和羊角锤的图片以及杠杆的定义进行思考：跟杠杆有关的物理量有哪些？ 介绍：杠杆的五要素。 演示：教师用较大的力推门和用较小的力推门，让学生观察门转动的效果是否相同；教师用相同大小的力推门边和靠近门轴处，让学生观察，门转动的效果相同吗？教师用手拉拴在门把手上的绳子，一次沿垂直于门面的方向拉门，一次沿倾斜方向拉门，让学生观察，门转动的效果相同吗？让学生思考：力的大小可以测量，力的作用点和方向又如何表示出来呢？最后教师给出"力臂"这个物理量的概念	观看图片，思考并回答用羊角锤起钉子的过程有何特点。在教师引导下得出杠杆的定义。学生根据图片和杠杆的定义理解杠杆的五要素 观察老师动作，结合自己日常经验进行思考。当力的作用点、方向相同时，门转动的效果跟力的大小有关；当力的大小、方向相同时，门转动的效果与力的作用点有关；当力的大小、作用点都相同时，力的方向不同，门转动的效果也不同	和前面学习的力的作用效果相联系，体会力的作用效果是使杠杆发生转动。 使学生体会到"力臂"引入的原因和必要性
三、力臂的画法	教师给出力臂的概念。教师以撬棒为例，在黑板上边演示边画出动力臂和阻力臂。生活中还有哪些杠杆？在所列举的杠杆实例中画出动力、动力臂、阻力、阻力臂、支点	学生在学案上跟着学画力臂	使学生在画的过程中初步了解力臂的概念

教学环节	教师活动	学生活动	设计意图
四、归纳总结	回想一下，本节课你都学习了哪些知识？哪些方法？ 1. 杠杆的概念； 2. 力臂； 3. 识别省力杠杆和费力杠杆	回想、梳理学过的知识，说一说自己的收获	梳理、建构知识体系

学习任务单

【学习目标】

1. 能识别出杠杆，并能准确找出支点、动力、阻力、动力臂、阻力臂。

2. 能对杠杆进行分类，并能根据实际需要选择合适的杠杆。

【学习重点】杠杆的五要素。

【学习难点】理解引入"力臂"的原因，掌握杠杆示意图中动力臂和阻力臂的画法。

主题　撬动地球的力量——杠杆

一、2000 多年以前，阿基米德曾说过这样一句话："给我一个支点，我能够撬动地球。"他说出这样的豪言壮语是因为他力大无穷吗？其实他是在描述一种工具的巨大作用，这个工具便是杠杆。

说一说生活中的哪些工具是杠杆？是如何使用的？你能指出它们的支点吗？

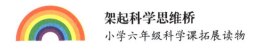

二、下列几种使用情况中，为使杠杆水平平衡，哪种更省力，总结一下使杠杆省力的方法。

三、请回答：下面的工具在使用过程中是否能起到省力的作用？

第二节　滑轮——升国旗与提重物

教学目标：

1. 知识与技能

（1）知道什么是滑轮；了解定滑轮、动滑轮的工作特点。

（2）了解滑轮组的工作特点。

2. 过程与方法

（1）通过探究定滑轮和动滑轮的工作特点，体验探究过程，学习探究方法。

（2）体会对比分析法。

3. 情感态度与价值观

乐于探究定滑轮和动滑轮的工作特点，关注科学技术对社会发展和人们生活的影响，形成将科学服务于人类的意识。

教学重点：定滑轮和动滑轮的特点。

教学难点：引导学生设计出既能省力又能改变力的方向的滑轮组。

教学过程：

教学环节	教师活动	学生活动	设计意图
一、新课导入	1.播放视频，引出课题及定滑轮、动滑轮的概念。 2.生活中应用滑轮和滑轮组的实例（展示图片）。 定滑轮：使用滑轮时，轴被固定的滑轮叫定滑轮。 动滑轮：使用滑轮时，轴随物体一起运动的滑轮叫动滑轮。 【设计活动】 使用定、动滑轮提升重物	归纳总结。 进行小实验：徒手提起重物，分别用定滑轮和动滑轮提起同一重物，感受不同之处	引导学生注重观察、归纳。 体验使用滑轮提升重物的感觉，使学生对滑轮产生兴趣，从而引出探究内容

续表

教学环节	教师活动	学生活动	设计意图
二、提出问题，探究实验	问题1: 在实际生活中，使用滑轮能给我们带来什么好处呢? 下面我们先研究一下使用定滑轮和动滑轮能否省力。 问题2: 要比较是否省力，应如何设计实验? 【分组实验】 甲组探究定滑轮是否省力; 乙组探究动滑轮是否省力。 教师巡视指导。 交流实验成果，总结结论。 【实验结论】 （1）使用定滑轮不省力; （2）使用动滑轮能省一半力。 问题3: 既然使用定滑轮不省力，又为什么使用它呢? 也就是使用定滑轮能给我们带来什么好处呢? 动画展示:"升国旗"，得出使用定滑轮的好处。 【实验结论】 （3）使用定滑轮可以改变用力的方向。 问题4: 那么使用动滑轮可不可以改变用力的方向呢? 演示实验，向上提重物，用力的方向与重物上升的方向一致。 【实验结论】 （4）使用动滑轮不能改变用力的方向	讨论交流、回答问题。 设计方案、交流讨论。 分工合作、进行实验。 发言总结。 思考并回答问题	培养学生设计实验、对比分析实验数据的能力。 培养学生的合作精神

续表

教学环节	教师活动	学生活动	设计意图
三、引出新问题，探究滑轮组的特点	【提问】 如果又想省力又想改变用力的方向，同学们能不能帮我想个办法？ 试一试：将定滑轮和动滑轮组合在一起，组成滑轮组，画出绕线。 引导学生探究滑轮组的特点	思考并回答问题。 画滑轮组绕线。 动手实验、收集数据、得出结论	培养学生应用物理知识解决问题的能力
四、生活中的滑轮	请同学们列举生活中的滑轮、滑轮组，并说明其特点	学生思考、举例、发言	使学生了解滑轮、滑轮组在生活中的应用。 明白物理来源于生活，应用于生活

学习任务单

一、滑轮的分类

1. 使用滑轮提升重物时，可以有几种方式？这些方式有什么不同？

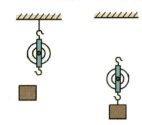

定滑轮：使用时，＿＿＿＿＿＿＿＿的滑轮。

动滑轮：使用时，＿＿＿＿＿＿＿＿的滑轮。

2. 生活中哪些地方使用了滑轮？是定滑轮还是动滑轮？

二、定滑轮和动滑轮的特点

使用定滑轮和动滑轮分别提升重为1牛的物体，各需用多大的力，说一说这两种滑轮起到的作用。

	定滑轮	动滑轮
绳端的拉力大小 / 牛		

总结：使用_____滑轮不能省力，但可以_____。

使用_____滑轮可以省力，但不能_____。

三、滑轮组

1. 如果既要省力，又要改变用力的方向，应该怎么办？

2. 将定滑轮和动滑轮组合在一起，组成滑轮组，请画出不同的绕线方法。

第三节　斜面——抬起来还是滚上去

教学目标:

1. 知识与技能

（1）认识斜面，知道使用斜面有省力的作用且斜面坡度越小越省力。

（2）了解斜面在生活中的应用。

2. 过程与方法

（1）能用木块、木板等简单器材做斜面省力的实验。

（2）能用测力计等简单测力工具进行测量，采集数据，做好实验记录。

3. 情感态度与价值观

（1）认识到科学是不断发展的，关心日常生活中的新科技产品、新事物。

（2）乐于将学到的学科知识应用到生活中。

教学重点: 知道斜面的作用。

教学难点: 理解斜面在生活中的应用实例。

教学过程:

教学环节	教师活动	学生活动	设计意图
一、新课导入	【提问】 一名货车司机需要将一个木桶搬到车上，木桶又重又大，一个人怎么才能将它搬到车上呢？请同学们想想办法，帮助他解决这个难题。 【引入】 忽然发现就在货车旁边有一块大木板，司机眼前一亮："我想到了个好办法！"于是他把那块木板斜搭在车上，然后沿着木板很轻松地就把木桶滚了上去。 司机能把木桶搬到车上，全都是斜面的功劳。这节课就让我们来好好研究一下斜面	交流讨论	引入主题，激发学生学习兴趣

续表

教学环节	教师活动	学生活动	设计意图
二、模拟实验	引导学生实验：课前准备了木板、饮水机的饮水桶，请学生利用这些工具，模仿一下司机是怎么利用斜面把木桶搬进车里的。 刚才同学们动手做了一个斜面，那你们能通过刚才的实验总结一下到底什么是斜面吗？ 教师点评指导，并进行总结：像这样抬起木板的一端形成的斜坡，就是一个简单的机械——斜面（教师可以边演示边讲解）	讨论交流，分工合作进行实验。 学生发言	学生通过实验，概括什么是斜面
三、提出问题，探究实验	【提问】 大家已经认识了斜面，那斜面有什么作用呢？为什么司机借助斜面就可以把木桶搬上车呢？大家大胆地猜测一下。 【教师总结】斜面帮司机省了不少力气，同学们说得很有道理，可是使用斜面是否能省力还需要我们用实验来验证一下。 【探究】使用斜面是否可以省力？ 【提问】如何设计实验方案？ 教师进行指导总结：既然我们要比较把"木桶"竖直抱起的力和把"木桶"滚上斜面的力的大小，那我们就需要用到一种测力的工具——测力计，我们可以用木块或钩码充当木桶，用测力计测量将木块或钩码竖直提起用的力和在斜面上拉动木块或钩码用的力。 【提问】实验记录表格如何设计？ （教师引导） 教师巡视指导，实验完成后，引导学生通过实验现象（数据）得出实验结论。 【探究】 在这个实验中我们还需要研究一个问题：所用力的大小与斜面坡度的大小是否有关？ 斜面坡度的大小可以用所垫木块的数量来改变，然后把测量的数据填在设计的表格中。 （引导学生设计表格，完成实验） 教师播放视频《不同坡度的斜面》。 【归纳】通过实验我们可以得出，斜面可以省力，而且斜面的坡度越小越省力	学生交流讨论，回答。 小组讨论、交流实验方案。 交流讨论，设计表格。 学生分组进行实验，得出实验结论	通过实验，探究使用斜面是否可以省力。 所用力的大小与斜面坡度的大小是否有关。 锻炼学生描述现象，归纳结论的能力

教学环节	教师活动	学生活动	设计意图
四、生活中的斜面	【提问】 自从人们知道了斜面可以省力的特点，就动用智慧，发明了很多利用斜面原理的小工具，这给我们的日常生活提供了很大的便利，你们还知道生活中有哪些斜面吗？ 出示生活中的斜面的图片，先展示比较明显的斜面，然后展示变形的斜面，最后展示变形斜面的另一种形式——螺旋。 （1）出示螺丝钉、螺旋楼梯、螺旋开瓶器的图片，并提出疑问：有的同学说螺丝钉、螺旋楼梯、开红酒用的螺旋开瓶器也是一种斜面，同学们，你们觉得这种说法对吗？ 教师进行引导：如果说螺丝钉上也有斜面的话，斜面在哪呢？你能找出来吗？ （2）归纳：这些工具也应用到了斜面，只不过这属于变形斜面的另一种形式——螺旋。 展示2个不同的螺丝钉模型，一个螺纹密，一个螺纹疏，并提出疑问：它们的螺纹有的密，有的疏，我们已经知道了使用斜面可以省力，而且坡度越小越省力，那螺纹密的螺丝钉省力还是螺纹疏的螺丝钉省力呢？ 引导学生用具有不同密度螺纹的螺丝钉分别在木板上试一下，看看哪个比较省力。 总结：螺纹密的螺丝钉比螺纹疏的螺丝钉更省力	学生思考、举例、发言。 小组讨论交流。 思考回答	了解斜面在生活中的应用。 认识到科学是不断发展的，要关心日常生活中的新科技、产品、新事物
五、课堂反馈	【提问】 你是否见过蜿蜒回转的盘山公路？为什么要修成这个样子呢？为什么不是直接通向山顶呢？学习了斜面的知识后，请你来解释一下 	实例分析	引导学生运用所学知识分析问题

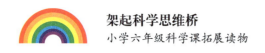
学习任务单

一、想把一个比较重的木桶放到车上，是应该搬上去，还是应该搭建一个斜面滚上去？哪种方法会更省力呢？

二、模拟实验：请利用饮水机的饮水桶做上述的模拟对比实验，体验哪种方式更省力？

1. 结论：使用斜面比直接搬动物体更_____（填"省力"或"费力"）。

2. 生活中还有哪些地方使用了斜面？起到了怎样的作用？请举例说明。

3. 现在你能解释盘山公路为什么要修成弯曲盘旋的样子了吗？

4. 请观察身边的工具、设施，盘点生活中还有哪些机械，使用它们起到了怎样的作用？

章节总结

　　学习了本主题，你一定收获了很多知识、学会了一些方法，请你梳理所学知识，总结方法。然后回答下面的问题。

　　1.生活中有哪些工具是杠杆？使用这些工具可以起到什么作用？

　　2.日常生活中哪些地方用到了滑轮？这些应用属于定滑轮还是动滑轮？

　　3.使用定滑轮和动滑轮分别可以起到什么作用？

　　4.要想使用斜面更省力，斜面的坡度应该更陡还是更缓？

　　5.学习了《巧用机械之便》这一章，你还有哪些收获？

第四章　探索电磁之秘

第一节　摩擦起电

教学目标：

1. 知识与技能

（1）了解摩擦能使物体带电。

（2）了解日常生活中的摩擦起电现象和带电体的基本性质。

（3）知道自然界中只存在两种电荷，知道电荷间的相互作用规律。

2. 过程与方法

（1）通过实验探究，体验摩擦起电现象。

（2）通过观察带电体相互作用现象，推理出自然界中存在两种电荷，并得到电荷间的相互作用规律。

3. 情感态度与价值观

通过探究电荷间的相互作用，了解静电现象，激发学生学习电学，探究电学知识的兴趣。

教学重点： 正负电荷的规定，电荷间相互作用规律。

教学难点： 电荷间相互作用规律。

教学过程：

教学环节	教师活动	学生活动	设计意图
一、创设情境，提出问题	【提问】 同学们，你们喜欢魔术吗？今天我就给大家变个魔术（老师用与衣服摩擦后的塑料棒吸引泡沫球）。你们想知道这是什么原理吗？下面我们来做个对比实验，你们就知道了	观察，跃跃欲试	激发学生学习兴趣，初步认识摩擦起电
二、实验探究	教师介绍实验用品。 引导学生进行对比实验。 引出课题——摩擦起电。 【提问】 同学们能列举一些生活中常见的摩擦起电现象吗？ （用PPT展示一些生活中常见的摩擦起电现象图片） 【提问】 这些带电体有什么共同的特征吗	观察倾听。 用没有与衣服摩擦过的塑料棒接近泡沫球和用与衣服摩擦过的塑料棒分别接近泡沫球进行对比。 列举生活中常见的摩擦起电现象。 得出结论：带电体具有吸引轻小物体的性质	学生通过自主探索、解释交流，亲历了获取新知识的过程，获得了成功的情感体验

教学环节	教师活动	学生活动	设计意图
三、认识两种电荷	【引入实验】 用丝绸摩擦过的玻璃棒和用毛皮摩擦过的橡胶棒分别吸引小纸片。 【提出问题】 视频中的实验现象说明了什么？ 【问题过渡】 带电体除了能够吸引轻小物体，它们之间会不会有相互作用呢？ 【实验探究】 1. 用丝绸摩擦的两根玻璃棒的相互作用。 2. 用毛皮摩擦的两根橡胶棒的相互作用。 带电体之间的相互作用是通过所带的电荷来实现的，两根丝绸摩擦过的玻璃棒上都带有电荷，电荷种类是相同的。同样，两根毛皮摩擦过的橡胶棒上所带电荷也是相同的。 我们可以通过实验现象总结出同种电荷之间的相互作用关系。 那就是同种电荷相互排斥。 那么请同学们猜想下，带"电"的玻璃棒和带"电"的橡胶棒之间会有什么作用呢？ 3. 用丝绸摩擦过的玻璃棒和用毛皮摩擦过的橡胶棒之间的相互作用。 科学家经过很长时间的研究发现：一个带电体如果跟用丝绸摩擦过的玻璃棒排斥，它一定跟用毛皮摩擦过的橡胶棒吸引；一个带电体如果跟用丝绸摩擦过的玻璃棒吸引，它一定跟用毛皮摩擦过的橡胶棒排斥。 说明自然界中只存在两种电荷。 丝绸摩擦过的玻璃棒所带的电荷我们称为正电荷。 毛皮摩擦过的橡胶棒所带的电荷我们称为负电荷。 电荷之间的相互作用规律：同种电荷相互排斥，异种电荷相互吸引。 如图所示，用一根毛皮摩擦过的橡胶棒去靠近一个轻质泡沫小球，发现小球被橡胶棒吸引。 请分析小球的带电情况 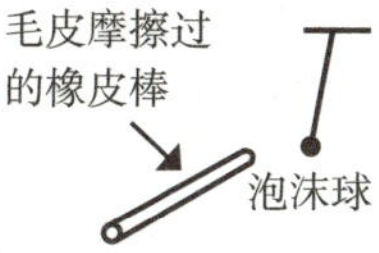 毛皮摩擦过的橡皮棒 泡沫球	观看实验，通过思考问题得出实验结论：用丝绸摩擦过的玻璃棒和用毛皮摩擦过的橡胶棒都具有吸引轻小物体的性质，它们都带了电。 学生观看实验： 用丝绸摩擦过的两根玻璃棒相互靠近时，这两根玻璃棒会相互排斥；用毛皮摩擦过的两根橡胶棒相互靠近时，这两根橡胶棒会相互排斥；当用丝绸摩擦过的玻璃棒和用毛皮摩擦过的橡胶棒相互靠近时，这两根棒会相互吸引。 学生聆听。 小组讨论，得出结论：泡沫小球带正电或者不带电	通过实验推理，得出玻璃棒和橡胶棒所带电荷种类不同的结论。 通过科学分析，认知自然界中存在两种电荷
四、课堂反馈	解释"怒发冲冠"的现象  	实例分析	引导学生运用所学知识分析问题

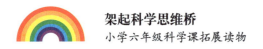

学习任务单

一、什么是摩擦起电现象？生活中有哪些实例？

摩擦起电：

生活实例：

二、带电体的性质：_____。

三、两种电荷的规定 { 1.正电荷：

2.负电荷：

探究实验：同种电荷和异种电荷间的相互作用。

观察实验，将现象标注在图上，并总结电荷间的相互作用规律。

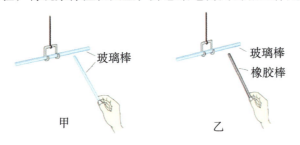

四、电荷间的相互作用规律：同种电荷_____，异种电荷_____。

五、解释"怒发冲冠"的现象。

第二节　认识简单电路

教学目标：

1.知识与技能

（1）知道电路的组成以及各部分的作用，能够列举日常生活中常见的电源、开关、用电器。

（2）会连接简单的电路，能识别通路、断路状态。

2.过程与方法

（1）观察电路，体会电路各组成部分的作用。

（2）连接简单电路，识别电路状态。

3.情感态度与价值观

通过了解电能在生活中的广泛应用，感受物理源于生活、应用于生活的理念，并提高安全用电、节约用电的意识。

教学重点：电路的组成及作用。

教学难点：学生设计并连接电路。

教学过程：

教学环节	教师活动	学生活动	设计意图
一、创设情境、提出问题	【故事导入】夏天很热，于是老师买来了一堆迷你风扇的零件，需要把这些零件按正确的方法组装起来，才能使用，现在让我们来认识一下都有哪些零件，以及它们都有什么作用	聆听、观察	创设情境，激发学生的学习兴趣，物理源于生活
二、概念引入、认识电路	【概念讲解】 电路的组成：电源、开关、导线、用电器。 展示电动机的图片，介绍电动机在工作过程中的能量转化。再拓展到其他用电器，列举其他用电器及其能量转化的例子。 电源： 1.展示干电池的图片，介绍电源的作用及其能量转化。 2.以图片和视频的形式向学生介绍其他种类的电源。如蓄电池、太阳能电池、水果电池、发电机等。 导线：观察导线的结构，介绍导线的作用。	观察电动机，列举身边的用电器并思考其能量转化。 观看图片与视频。 观察导线的结构。	联系生活，从能量转化的角度认识用电器和电源，让学生感受到物理的神奇，激发学生探索与实践的欲望。 了解导线的结构和作用。

续表

教学环节	教师活动	学生活动	设计意图
	开关： 1. 展示开关图片，介绍开关的作用。 2. 列举家中的开关。如按钮开关、拉线开关、空气开关、声控开关等	观察开关，列举家中的开关	联系实际，帮助学生认识开关的作用
三、连接简单电路	规范操作： 1. 视频展示小风扇电路连接操作。 2. 梳理简单电路的组成以及各部分的作用。 3. PPT 展示小灯泡电路连接过程	观察学习	学习连接简单电路，培养学生规范操作的意识
四、认识电路状态	电路的三种状态： 1. 通过开关闭合与断开时用电器的状态，介绍通路与断路。 2. 介绍故障型断路：导线松动、脱落，导线断裂，用电器接线头接触不实，用电器内部断裂。 3.（1）通过视频，认识短路。 （2）通过视频展示，了解发生短路时导线和电源的温度会持续快速升高。 （3）总结短路的危害，提醒学生应提高安全用电意识	观看实验。 思考。 观看短路视频	帮助学生认识电路的三种状态
五、课堂反馈	操作实验：自制小台灯。 用提供的材料，让学生小组合作，自制一盏漂亮的小台灯，比一比哪一组的小台灯质量最好，装饰得最漂亮。 要求： 1. 连接电路时，开关应该断开。 2. 组装好电路，保证灯泡正常发光	小组合作，动手实践	将物理应用于生活，激发学生学习电学的兴趣

学习任务单

一、观察老师展示的电路，说一说电路是由哪几部分组成的？

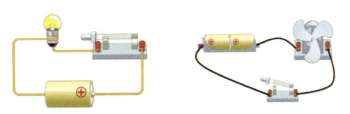

电路由_____、_____、_____、_____四部分组成。

二、电路中的各个部分分别起到什么作用？

_____：提供电能的装置。

_____ ：消耗电能的装置。

_____ ：输送电能的装置。

_____ ：控制电路的装置。

三、电路的三种状态：_____ ；

_____ ；

_____ 。

操作实验：自制小台灯

用提供给你的材料，通过小组合作，自制一盏漂亮的小台灯，比一比哪一组的小台灯质量最好，装饰得最漂亮。

要求：1. 连接电路时，开关应该断开。

2. 组装好电路，保证灯泡正常发光。

制作过程（描述）　　　　　　　　完成效果（图片）

第三节　磁现象初探

教学目标：

1. 知识与技能

（1）知道磁体的定义和性质。

（2）知道磁极的定义，会辨别磁体的磁极。

（3）能够利用磁化，自制简易指南针。

2. 过程与方法

（1）通过学生实验，知道磁体能够吸引哪些物体。

（2）通过实验，知道磁体具有指向性，静止时指向南、北两个方向的磁极分别叫南极和北极。

（3）通过动手制作，学会利用磁化自制简易指南针。

3. 情感态度与价值观

随着人类对磁现象不断深入的认识和科学技术的不断发展，人类的脚步从目之所及延伸到星辰大海，体会科学技术的发展对于推动人类社会进步的巨大作用。

教学重点：磁性、磁极、磁极间相互作用的规律。

教学难点：学会判断磁体的磁极。

教学过程：

教学环节	教师活动	学生活动	设计意图
一、磁体具有磁性	介绍我国古代的四大发明之一——司南。 【提出问题】 1. 用家里的汤勺能否辨别方向？ 2. 司南与普通的汤勺有什么区别？ 3. 磁体能吸引哪些物体？ 引导学生进行实验，探究磁体能吸引的物体种类 试一试：磁铁能吸引哪些物体？填在方框中。 铜块　铁块　　　　　　　橡胶　镍（niè） 铝块　曲别针　铅笔芯　木头　塑料　钴（gǔ） 　　　　　　　铁钉 一、磁体的性质 总结：磁体具有吸引 铁、钴（gǔ）、镍（niè） 等物质的性质，这种性质叫磁性。 引导学生说出磁体的性质	思考并回答问题。 完成实验，得出结论。 总结磁体具有磁性，磁体能够吸引铁、钴、镍等物质	了解辨别方向的工具对社会发展的重要作用。 通过实验得出磁体的性质

续表

教学环节	教师活动	学生活动	设计意图
二、磁体具有指向性，磁极	【提出问题】实验室中的磁体能否像司南一样指示方向呢？ 请观察多个自由转动的小磁针静止时的指向，你们发现有什么共同点？ 小磁针静止时能指向南北两个方向，我们说磁体具有指向性，指向南北两个方向的磁极叫南极和北极，分别用S、N表示	观察发现：能自由转动的小磁针静止时会指向南北两个方向。 理解磁体南极、北极的含义	通过实验，知道磁体具有指向性，理解磁极的含义
三、磁化，制作简易指南针	【创设情境】如果在野外迷路了，能否利用小铁丝辨别方向？ 观看《荒野求生》中贝尔的做法。 使小铁丝获得磁性的方法叫磁化，提供材料，让同学们利用磁化的方法自制一个指南针 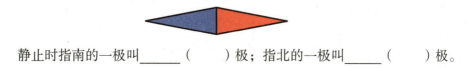	学生提出自己的想法。 观看视频。 动手制作指南针，试一试其能否指示方向	了解磁化的方法，并尝试制作简易指南针
四、梳理总结	从古代的司南到现代的指南针、卫星定位导航，科学技术的进步和发展，使人类的脚步从目之所及延伸到星辰大海	回顾本节课的知识，体会科学技术进步对人类社会发展的巨大推动作用	感受科学技术进步的巨大作用，在学生心中埋下热爱科学、投身科学事业的种子

学习任务单

一、磁体的性质

探究实验：磁体的性质

用磁体分别靠近下列物体，请在能被磁体吸引的物体上打钩。

（铜块、铁块、铝块、塑料、橡胶、木头、铅笔芯、曲别针、铁钉、钴、镍）

总结：磁体具有吸引_____的性质，这种性质叫磁性。

二、磁极

观察实验：观察自由转动的小磁针静止时的指向，有什么特点？

静止时指南的一极叫_____（　　）极；指北的一极叫_____（　　）极。

操作实验：自制简易指南针

用磁化的方法使大头钉具有磁性，并利用磁化后的大头钉制作简易指南针。

制作过程（描述）	完成效果（图片）

三、课后思考

1.磁现象在生活中有广泛的应用，请你通过观察，列举一些实例说明。

2.通过本节课的学习，你有什么感悟？

第四节　电磁铁及其应用

教学目标：

1. 知识与技能

（1）了解电磁铁的结构、特点。

（2）了解影响电磁铁磁性强弱的因素。

（3）了解电磁铁在生活中的应用。

2. 过程与方法

（1）制作电磁铁并探究影响电磁铁磁性强弱的因素。

（2）了解科学探究的一般过程，通过控制变量法得出实验结论。

3. 情感态度与价值观

通过教学活动，激发学生乐于探究自然现象与了解日常生活中的物理现象的兴趣。

教学重点： 电磁铁的特点，影响电磁铁磁性强弱的因素。

教学难点： 探究电磁铁磁性强弱的影响因素。

教学过程：

教学环节	教师活动	学生活动	设计意图
一、创设情境，引入新课	前两天，一位同学向老师借了一个磁体，他用该磁体做什么呢？让我们看一看。 让学生观看视频1。 原来这个学生是用磁体来寻找丢失的小螺钉。同学们想一想，若是在废铁堆积如山的工厂里作业，这个小磁体可行吗？那么，我们看看在工厂里应如何做？ 让学生观看视频2。 工厂里这个能吸、能放的机器称为电磁起重机，通过今天的学习，我们就会明白它的工作原理	观看视频。 思考并回答问题	创设情境，激发学生的好奇心和求知欲
二、概念引入，认识电磁铁	实验引出电磁铁的结构： 用螺线管靠近小磁针，对比螺线管通电前后，发现螺线管通电后小磁针发生偏转，说明通电螺线管周围确实存在磁场。 但是通电螺线管周围的磁性太弱。老师在装置改进，在通电螺线管中间插入一个铁棒，磁性明显增强。 引出概念：插有铁棒的通电螺线管称为电磁铁	观察对比实验。通过现象，思考实验结论：通电螺线管周围存在磁场。	加强对比实验的意识，锻炼由实验现象得出结论的能力

续表

教学环节	教师活动	学生活动	设计意图
	线圈　　　　　铁芯	观察总结得出电磁铁的结构	
三、制作电磁铁，总结特点	引导学生用身边的实验器材自己动手制作一个简易电磁铁（事先提供型号一样的铁芯，型号一样长短不同的漆包线）。巡视并回答学生的问题。 试一试，通电前后电磁铁是否有磁性。 总结：电磁铁通电时有磁性，断电时没有磁性。 各小组交流发现每组吸引大头针的数目不一样。 说明我们制作的电磁铁磁性强弱不同。 分析得出电磁铁的磁性强弱可以由某些因素影响	动手制作。 完成实验后，进行交流。 回答问题，总结特点	锻炼学生动手能力、分析总结能力
四、探究影响电磁铁磁性强弱的因素	【提出问题】 影响电磁铁磁性强弱的因素有哪些？ 引导学生猜想影响因素可能为电流大小、线圈匝数、铁芯大小。 当我们研究一个物理量与多个因素的关系时，对比实验如何设计？在对比实验中是只改变一个因素，还是同时改变多个因素？ 引出——控制变量法。 【演示实验】 分别探究电磁铁磁性强弱与电流大小、线圈匝数、铁芯大小是否有关。 得出电磁铁磁性强弱的影响因素	学生猜想。 交流讨论，回答问题。 观看实验现象，总结实验结论	了解并初步掌握科学的实验探究方法
五、联系生活	电磁铁和永磁体相比，优点有：磁性有无可控，磁性强弱可控，磁极变换可控等。 因为电磁铁存在这些优点，所以电磁铁在生产、生活中有着广泛的应用。 例如：电铃、扬声器、磁悬浮列车、电磁起重机等。 用电磁起重机演示器为学生做演示实验，以满足学生在之前对电磁起重机的好奇心	了解电磁铁的应用	将物理应用于生活，激发学生对物理学习的兴趣

学习任务单

一、电磁铁的结构

电磁铁由＿＿＿＿＿＿＿，＿＿＿＿＿＿＿构成。

二、对比电磁铁和普通磁体，说一说电磁铁有哪些特点？

电磁铁的特点：1. ＿＿＿＿＿＿＿＿＿＿＿；

2. ＿＿＿＿＿＿＿＿＿＿。

探究实验：电磁铁磁性强弱的影响因素

可能影响电磁铁磁性强弱的因素

1. ＿＿＿＿＿；
2. ＿＿＿＿＿；
3. ＿＿＿＿＿。

当一个结果与多个因素可能有关时，必须要采用＿＿＿＿＿＿法进行实验。

三、电磁铁磁性强弱的影响因素：＿＿＿＿＿＿＿＿、＿＿＿＿＿＿＿、

＿＿＿＿＿＿＿＿。

四、电磁铁的应用

下列是一些电磁铁的应用的实例，你能想出生活中还有哪些电磁铁的应用实例？

生活中电磁铁的应用实例：＿＿＿＿＿＿＿＿＿＿＿＿＿＿＿＿＿＿＿。

电磁起重机

电磁阀门

电磁锁

电磁选矿机

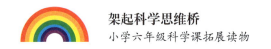

章节总结

学习了本主题，你一定收获了很多知识、学会了一些方法，请你梳理所学知识，总结方法。然后回答下面的问题。

1. 什么是摩擦起电？带电体具有什么性质？

2. 正负电荷是如何规定的？

3. 电荷间的相互作用规律是什么？

4. 一个电路包含哪几部分？分别起到什么作用？

5. 磁体具有什么性质？

6. 如何判断磁体的磁极？

7. 电磁铁有什么特点？

8. 电磁铁的磁性强弱与哪些因素有关？

9. 学习了《探究电磁之秘》这一章，你还有哪些收获？

第五章　打造翱翔之翼

第一节　纸飞机大赛

教学目标：

1. 知识与技能

（1）掌握自制纸飞机的方法。

（2）能通过调整纸飞机的形状、结构、质量分布，使它飞得更远，更稳定。

2. 过程与方法

（1）通过比赛活动，组织学生制作、调整纸飞机。

（2）通过试飞、比赛，组织学生改造出性能更好的纸飞机。

3. 情感态度与价值观

通过制作、试飞、改造、比赛等活动，体会制作的乐趣与成功的喜悦。

教学重点：纸飞机的制作。

教学难点：调整并改造纸飞机，使其达到最佳飞行状态。

教学过程：

教学环节	教师活动	学生活动	设计意图
一、宣布纸飞机比赛活动及其规则	宣布纸飞机比赛活动及其规则： 1. 最远距离直线赛 用两张 A4 纸折叠成纸飞机，不能用胶水、不能剪裁。每人三次投掷机会，取最远距离为最终成绩。 2. 最佳纸飞机创意赛 利用剪刀、胶水、颜料、彩笔等工具，用一张 A4 纸制成纸飞机并装饰，评比飞机的创意和装饰	明确规则，领取材料、工具	明确比赛规则，做好比赛准备
二、制作纸飞机并调试	宣布比赛开始，计时并监督比赛按照规则进行	学生按照规则制作、调试纸飞机	进行比赛制作活动
三、比赛评比活动	组织学生进行比赛的评比活动，记录成绩，评比优胜奖	参加比赛，发挥出最好的成绩	进行比赛评比活动
四、总结，评奖	对比成绩，评出优胜者并奖励，总结	参与评奖活动	总结评奖

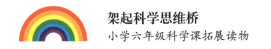

学习任务单

一、纸飞机大赛最远直线距离

1. 为每位选手提供比赛用 A4 纸两张，学生自主设计方案进行比赛，折叠的纸飞机可以压折，但不能裁剪，不能使用胶水，不得增减任何物品。比赛结束后能够拆成一张 A4 纸，否则成绩无效。

2. 选手在起始线外将制作好的纸飞机投向比赛场地空域，纸飞机必须在比赛场地内着陆，记录纸飞机从投掷点到着陆静止后机头最前端的直线距离，出两边界限成绩无效，界限宽度 4 米。

3. 每人投掷 3 次，取最远一次直线距离为该选手的最终比赛成绩。

4. 纸飞机必须由选手亲自用手投掷，不能借助其他工具投掷。投掷时不能采用奔跑和快走等助跑形式。投掷时选手至少要有一只脚没有离地，抬起的脚落地时不能超过比赛起始线。

投掷次数	投掷距离 / 米
第 1 次	
第 2 次	
第 3 次	

二、最佳纸飞机创意赛

选手在规定的 30 分钟内，将一张比赛用纸折叠成自己设计的最佳纸飞机作品，提交大赛组委会评定，可裁剪、粘贴、绘画，只能使用提供的 A4 纸，如发生错误，可根据情况将原纸上交后，向组委会再申请一张 A4 纸，但时间不补。剪刀、彩笔、胶水等学生自备。

我的创意
（照片粘贴）

第二节   制作橡筋动力飞机

教学目标：

1. 知识与技能

（1）掌握橡筋动力飞机的制作方法。

（2）能够适当调整橡筋飞机，使它能够保持俯仰平衡，飞行更稳定，飞得更远。

2. 过程与方法

（1）通过制作活动，掌握橡筋动力飞机的制作方法。

（2）通过试飞、调整，橡筋动力飞机能保持俯仰平衡，飞行更稳定。

3. 情感态度与价值观

通过制作、试飞、改造等活动，体会制作的乐趣与成功的喜悦。

教学重点： 橡筋动力飞机的制作。

教学难点： 调整橡筋动力飞机达到最佳飞行状态。

教学过程：

教学环节	教师活动	学生活动	设计意图
一、讲解橡筋动力飞机的基本结构	介绍橡筋动力飞机的基本结构，橡筋动力飞机由主翼、尾翼和机身三部分组成。 主翼是飞机在飞行中产生升力的装置。 尾翼又分成水平尾翼和垂直尾翼。 水平尾翼起到保持俯仰平衡的作用， 垂直尾翼起到稳定方向的作用 	倾听、理解	明确橡筋动力飞机的基本结构及各结构的作用

续表

教学环节	教师活动	学生活动	设计意图
二、制作橡筋动力飞机	教师指导学生按照步骤制作飞机，主要分为以下七个步骤： 1. 定型主翼； 2. 安装翼台； 3. 安装机翼； 4. 安装尾翼； 5. 安装螺旋桨； 6. 美化机身； 7. 安装橡筋 	跟随步骤讲解，制作橡筋动力飞机	使学生掌握制作橡筋动力飞机的方法，制作出橡筋动力飞机
三、试飞，检查，校正	组织学生进行试飞，发现问题，归纳典型的问题，指导校正	试飞自己的飞机，总结归纳问题，调试飞机，再次进行试飞，直到达到最佳效果	让学生了解橡筋动力飞机的常见问题及调整方法
四、记录，总结	组织学生将调整过程记录下来，归纳橡筋动力飞机调整的方法	记录总结	使学生更加熟悉调整方法

学习任务单

一、按照说明书制作橡筋动力飞机。

	我制作的飞机 （照片）

二、调整机翼，使飞机飞行姿态平稳。

三、用"控制变量法"调整飞机，使飞行距离最远，留空时间最长。

实验次数	不改变的因素	改变的因素	试飞现象记录
1			
2			
3			

第三节　水火箭制作与发射

教学目标：

1. 知识与技能

（1）掌握水火箭的制作方法。

（2）能够发射水火箭，并通过测试、调整使它的发射距离更远，高度更高。

2. 过程与方法

（1）通过制作活动，掌握水火箭的制作方法。

（2）通过试飞、调整，水火箭能保持俯仰平衡，飞行更稳定。

3. 情感态度与价值观

通过制作、发射、调试、改造等活动，体会制作水火箭的乐趣与成功的喜悦。

教学重点：水火箭的制作与发射。

教学难点：调整参数，使水火箭飞行距离最远。

教学过程：

教学环节	教师活动	学生活动	设计意图
一、介绍水火箭和发射架的结构，介绍水火箭发射原理	结合制作完成的水火箭模型和结构示意图，介绍水火箭和发射架的结构。 水火箭和发射架结构图 介绍水火箭的发射原理：利用物体间力的作用是相互的，水火箭向后喷水，水火箭对水有向后的力，水也会对水火箭有向前的力的作用	观察水火箭和发射架的结构，倾听各组成部分的介绍	明确水火箭和发射架的基本结构及其作用
二、分发制作材料，介绍制作过程，学生制作水火箭	组织学生利用手中的材料，按照制作步骤，逐步完成水火箭的制作，帮助学生解决制作过程中遇到的问题	跟随步骤讲解制作水火箭	使学生掌握制作水火箭的方法，制作水火箭

续表

教学环节	教师活动	学生活动	设计意图
三、试飞，检查，校正	组织学生进行发射，并探究怎样才能使水火箭飞得更高、更远	发射水火箭，并尝试改变参数，使水火箭飞的高度更高，距离更远	使学生掌握水火箭发射方法，并探究影响飞行高度、飞行距离的因素
四、记录总结	组织学生将水量、发射气压、发射角度等参数和发射结果记录下来，找出最优的发射参数	记录、总结	使学生更加熟悉调整方法

学习任务单

一、认识水火箭的结构，并动手制作水火箭。

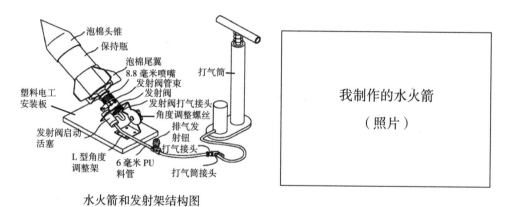

水火箭和发射架结构图

二、发射水火箭，尝试改变水量、发射气压、发射角度，使水火箭飞行距离最远。

实验次数	水量／立方米	发射气压／兆帕	发射角度／度	飞行距离／米
1				
2				
3				
4				
5				
6				

三、小组间交流，总结水火箭发射距离较远时应满足的条件。

	组合 1	组合 2	组合 3
水量／立方米			
发射角度／度			
发射气压／兆帕			

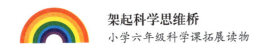

章节总结

学习了本主题，你一定收获了很多知识、学会了一些方法，请你梳理所学知识，总结方法。然后回答下面的问题。

1.纸飞机大赛中你的最好成绩为多少？

2.你的纸飞机还可以如何改进？

3.如何调整橡筋动力飞机的俯仰平衡？

4.水火箭制作过程中有哪些注意事项？

5.水火箭飞行距离最远时，水量、发射气压、发射角度的参数是怎样的？

6.学习了《打造翱翔之翼》这一章，你还有哪些收获？

第六章　初识生物

第一节　什么是生物

教学目标：

1.初步认识生物；辨别生物和非生物；举例说明生物的特征。

2.通过积极主动参与讨论，培养学生的观察能力、辨别能力和发散思维能力。

3.通过对"生物的生命现象"的讨论，培养学生热爱大自然和关爱生物的良好品质。

教学重难点：

教学重点：总结生物的基本特征。

教学难点：理解生物的各个特征对生物生活的意义。

教学过程：

教学环节	教师活动	学生活动	设计意图
一、引入新课	【视频】展示生活在不同环境下的多种多样的生物。 【总结】生物分为动物、植物和微生物，生物的形态多种多样。 【提问】怎样辨别一个物体是生物还是非生物呢？列举常见的几种生物和非生物	观看视频。 学生进行辨别	用视频引入，引起学生兴趣
二、科学方法——观察	【提问】想要辨别生物与非生物，就需要进行观察。我们该如何观察一种生物呢？ 【介绍】生物学常采用观察法，这是一种常用的生物学研究方法。观察时可以用肉眼直接观察，也可以借助放大镜、显微镜等工具。观察时要有目的；要全面、细致和实事求是；在长时间的观察时要有计划和耐心；观察时要积极思考，善于与他人交流意见。 【讲解】我们接下来就利用观察法来看看生物具有哪些特征	了解观察法的概念。 了解观察法的基本要求	从学生的已有认知出发，体验观察的科学方法，并通过阅读归纳和了解科学观察的基本要求，为后面利用观察的方法归纳生物的特征做好准备

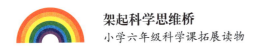

续表

教学环节	教师活动	学生活动	设计意图
三、认识生物的基本特征——生物的生活需要营养	【图片】人吃东西、海豚捕食、翠鸟捕食的图片。 【提问】我们在自然界中经常看到这样的现象，这些生物为什么要这样做？ 【讲解】动物的生活需要营养。动物自身不能制造有机物，它们直接以植物或别的动物为食，从中获得营养物质，维持生存。 【提问】自然界中的生物生活都需要营养，那么植物如何获取营养？ 以班级中的绿萝为例，大家想想在种植绿萝时，有哪些注意事项？ 【展示】绿萝种植条件。 【讲解】植物可以从土壤中吸收水和无机盐来保证自身的生长，同时也可以在光下利用水和二氧化碳进行光合作用，制造出自身所需要的有机物	学生观察。 学生回答问题。 学生思考。 学生思考并回答问题	通过观察图片和生活实际，引导学生认识到生物的生活需要营养
四、认识生物的基本特征——生物能进行呼吸	【提问】我们经常去野外玩耍，可以呼吸新鲜空气，这说明生物有什么特点？ 【讲解】动物能进行呼吸。 【提问】陆地上的动物可以直接呼吸空气中的气体，那么水中的生物呢？ 【讲解】水中的小鱼可以通过过滤水获取氧气；在自然界中也可以看见鲸呼气时产生的雾状水柱。 【提问】我们很容易观察到动物呼吸的现象，那么植物呢？ 【讲解】我们刚刚说到绿萝喜欢松软的土壤，这就是为了保证其根部的呼吸。 除此之外，水生植物如莲藕的茎中有气道，水稻的茎秆中也有中空的管状结构来帮助通气。 【总结】生物能进行呼吸，绝大多数生物需要吸入氧气，呼出二氧化碳	学生回答。 学生思考并回答问题。 学生思考并回答问题	通过生活实际，引导学生认识到生物能进行呼吸
五、认识生物的基本特征——生物能排出身体内产生的废物	【图片】人出汗、狗排尿，以及尿液、汗液里的主要成分。 【提问】尿液、汗液里的尿素都是生物身体里不需要的东西，属于身体里的代谢废物，这说明动物有什么特点？ 【讲解】动物和人体可以通过多种方式排出体内废物。例如，人可以通过出汗、呼吸气体和排尿等方式将废物排出体外。 【提问】那么植物呢？ 【图片】植物落叶的图片。 【讲解】植物也能产生废物，落叶会带走一部分废物。 【总结】生物能排出身体内产生的废物	学生观察。 学生思考。 学生思考	通过观察图片和生活实际，引导学生认识到生物能排出身体内产生的废物

续表

教学环节	教师活动	学生活动	设计意图
六、认识生物的基本特征——生物能对外界刺激作出反应	【图片】含羞草、捕蝇草受到刺激后的图片，河豚受到惊吓后的图片，猎豹发现猎物后迅速追击的图片。 【提问】从图片中你可以看出生物有什么特征？ 【讲解】生物能对外界刺激作出反应，能够让生物躲避有害刺激来保护自己，趋向有利刺激来帮助生存，从而使得生物更加适应环境	学生回答问题	通过观察图片和生活实际，引导学生认识到生物能对外界刺激作出反应
七、认识生物的基本特征——生物能生长和繁殖	【图片】红狐、玉米生长发育的图片，动物繁殖后代的图片。 【提问】从图片中你可以看出生物有什么特征？ 【讲解】生物体能够由小长大，生物体发育到一定阶段就开始繁殖下一代，生物都能进行生长和繁殖	学生回答问题	通过观察图片和生活实际，引导学生了解生物都能生长和繁殖
八、认识生物的基本特征——生物都有遗传和变异的特性	【提问】大家出门或去亲戚家有没有人提到你与你的爸爸或妈妈长得很像呢？ 【讲解】长得像，这在我们生物学上叫作遗传。我们生活中有很多这样的例子，比如说"种瓜得瓜，种豆得豆""老鼠的孩子会打洞"等都是遗传的原因。 【图片】展示狗的一家——与遗传相关的图片。 【提问】那你是不是与你的爸爸或妈妈长得完全一样呢？ 【讲解】虽然你的某些特征跟你的爸爸或妈妈一样，但还是有很多的特征是不一样的，为什么会有不同呢？这在我们生物学上叫作变异。 【图片】展示同一株碧桃上的花——与变异相关的图片。 【拓展】遗传和变异在生物界是普遍存在的，正因为有遗传每个物种才能繁衍下去，也正因为有变异地球上的生物才能多种多样，生物才能更好地适应多变的环境	学生回答问题。 学生回答问题	通过观察图片和生活实际，引导学生了解生物都有遗传和变异的特性
九、总结	【讲解】通过观察和分析，我们知道生物所具备的六大基本特征是什么？请大家完成学案。 【讲解】生物的共同特征：1. 生物的生活需要营养；2. 生物能进行呼吸；3. 生物能排出身体内产生的废物；4. 生物能对外界刺激作出反应；5. 生物能生长和繁殖；6. 生物都有遗传和变异的特性。 【要求】这是所有生物都具备的基本特征，请大家根据这些特征，辨别学案上的图片中哪些是生物，哪些是非生物。 【讲解】地衣、河蚌、海葵和病毒符合生物的基本特征，属于生物；机器人和钟乳石不符合生物的基本特征，属于非生物	学生总结并完成学案。 完成学案	通过总结，认识生物的基本特征，并利用所学辨别生物和非生物，培养学生知识迁移能力

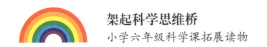

学习任务单

学习目标：

1.初步认识生物；辨别生物和非生物；举例说明生物特征。

2.通过积极主动参与讨论，培养学生的观察能力、辨别能力和发散思维能力。

3.通过对"生物的生命现象"的讨论，培养学生热爱大自然和关爱生物的良好品质。

学习重点：总结生物的基本特征。

学习难点：理解生物的各个特征对生物生活的意义。

学习任务：

1.总结生物的基本特征。

2.认识生物（辨别哪个是生物，哪个是非生物）。

地衣　　　　　　机器人　　　　　　河蚌

病毒　　　　　　海葵　　　　　　钟乳石

【学以致用】

1.下列现象中的物体属于生物的是（　　　　）。

A.机器人弹钢琴　　　　　　B.火山爆发时岩浆喷出

C.钟乳石在慢慢长大　　　　D.馒头上长出"白毛"

2. 牵牛花清晨开放，傍晚关闭，这种现象说明生物具有（　　）特征。

A. 需要营养　　　　　　　　B. 进行呼吸

C. 对外界刺激作出反应　　　D. 生长和繁殖

3. "离离原上草，一岁一枯荣。"这种生命现象说明生物具有（　　）特征。

A. 呼吸　　　　　　　　　　B. 排出体内废物

C. 对刺激作出反应　　　　　D. 生长和发育

4. 下列属于生物共同特征的是（　　）。

A. 都能运动　　　　　　　　B. 都能呼吸

C. 都有细胞结构　　　　　　D. 都生活在水中

5. 下列说法中不是所有生物共有的特征的是（　　）。

A. 生物都是由细胞构成的　　B. 生物都能生长、发育并繁殖后代

C. 生物的生活需要营养　　　D. 生物能进行呼吸

6. 科学家对蜜蜂群体的自然活动状况进行跟踪拍摄,这种研究方法属于(　　)。

A. 实验法　　　　　　　　　B. 观察法

C. 调查法　　　　　　　　　D. 分类法

7. 含羞草受到碰触时，展开的叶片会合拢，这种生命现象属于（　　）。

A. 新陈代谢　　　　　　　　B. 生物对外界刺激作出反应

C. 变异　　　　　　　　　　D. 生物和环境的相互影响

8. 请写出元代散曲名家马致远的名曲《天净沙·秋思》："枯藤老树昏鸦，小桥流水人家，古道西风瘦马。夕阳西下，断肠人在天涯。"中的生物和非生物。

曲中的生物有 ＿＿＿＿＿＿＿＿＿＿＿＿＿＿＿＿＿＿＿＿＿；

曲中的非生物有＿＿＿＿＿＿＿＿＿＿＿＿＿＿＿＿＿＿。

9. 请将下面左右两列中相关联的内容用线连接起来。

动物取食　　　　　　　　　应激性

鲸喷出水柱　　　　　　　　营养

向日葵朝向太阳　　　　　　繁殖

植物开花、结果　　　　　　生长

人体排汗　　　　　　　　　排泄

蘑菇由小长大　　　　　　　遗传

子女与母亲相似　　　　　　呼吸

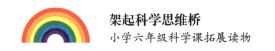

第二节 校园生物大搜索

教学目标：

1. 认识到自然界中的生物多种多样。

2. 选择合适的工具，分区调查校园中的生物，观察生物的特征。

3. 通过调查、汇报，培养学生的观察能力、交流合作能力。

教学重难点：

教学重点：调查校园中的生物，观察生物的特征。

教学难点：培养学生的观察能力、交流合作能力。

教学过程：

教学环节	教师活动	学生活动	设计意图
一、引入新课	【展示】文章。 【提问】阅读文章，你能找出其中的动物和植物吗？请在文章中标画出来	学生阅读文章，标画重点	通过文章引入，引起学生兴趣
二、介绍调查法	【提问】同学们能说说我们校园里有多少种植物，多少种动物吗？ 科学家常常对某一个区域的生物种类和分布情况进行调查，你愿意像科学家那样对我们校园的生物种类和分布情况做一次调查吗？ 如果科学家们来调查我们校园的生物，他们会怎么做呢？ 【总结】 1. 会对校园生物进行全面调查。 2. 会将调查的校园生物分为动物和植物两类分别记录，既要记录生物的名称，又要记录生物生长和经常活动的地点。 3. 对于不知道名称的生物会画出来，或用文字描述出来。 4. 会根据动物踪迹推测哪些动物也在这里生活过，并会将这些发现记录下来。 5. 调查时发现具有不同特征的同一生物，比如不同花色的蝴蝶，开不同颜色花的郁金香等，在记录时可以都记录成蝴蝶或郁金香，也可以分别记录某某样的蝴蝶、某某颜色的郁金香	学生回答问题	介绍调查法，引导学生正确调查校园生物

续表

教学环节	教师活动	学生活动	设计意图
三、提示校园调查注意事项	【提问】我们马上要走出教室到校园进行调查，有什么要注意的地方吗？ 【总结】 1.注意安全。 2.不要损伤植物，不要伤害动物。 3.带上纸笔做好记录。 4.最好带上小铲子和放大镜	学生回答问题	提示学生在校园中调查生物的注意事项
四、分区域、分小组开展调查	【讲解】还有一点大家没想到的，就是将校园分为几个区域，然后确定每个小组重点调查哪个区域。 【要求】下面我们请同学分组并确定调查范围。 请大家到各自区域进行调查。调查生物总量的同时，观察其中一种动物和植物的特点，并绘制图像	学生自行分组，确定调查范围，开展调查和观察	确定学生分组、调查范围以及具体要求，并开展调查，提升观察、调查等科学探究能力以及小组合作能力
五、汇报调查结果	【要求】请各小组汇报调查结果	学生汇报	学生汇报调查和观察结果，提升交流总结能力

学习任务单

学习目标：

1.认识到自然界中的生物多种多样。

2.选择合适的工具，分区调查校园中的生物，观察生物的特征。

3.通过调查、汇报，培养学生的观察能力、交流合作能力。

学习重点：调查校园中的生物，观察生物的特征。

学习难点：培养学生的观察能力、交流合作能力。

学习任务：

1.阅读下文，画出其中的动物与植物。

不必说碧绿的菜畦，光滑的石井栏，高大的皂荚树，紫红的桑葚；也不必说鸣蝉在树叶里长吟，肥胖的黄蜂伏在菜花上，轻捷的叫天子（云雀）忽然从草间直窜向云霄里去了。单是周围的短短的泥墙根一带，就有无限趣味。

何首乌藤和木莲藤缠络着，木莲有莲房一般的果实，何首乌有臃肿的根。

如果不怕刺，还可以摘到覆盆子，像小珊瑚珠攒成的小球，又酸又甜，色味都比桑葚要好得远。

长的草里是不去的，因为相传这园里有一条很大的赤练蛇。

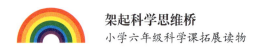

2.分组调查学校中的生物，重点观察其中一种动物和植物的特征，并绘制图像。

调查身边的动植物

		名称	总量
植物			
动物			
分工	组长		
	观察员		
	记录员		
	汇报员		

要求：

1.调查、观察时要仔细认真，详细记录调查和观察结果。

2.小组合作完成，明确分工。

3.调查后汇报员上台发言并上交表格。

4.爱护生物，不损伤花草，不伤害动物。

观察身边的植物

观察内容		观察结果	叶片形状（绘图）
名称			
地点			
生活环境	光照（是否充足）		
	水分（水生陆生）		
其他特点			
观察感想			

观察身边的动物

观察内容	观察结果	绘图
名称		
地点及生活环境特点		
食性（植食性、肉食性、杂食性）		
运动方式		
其他特点		
观察感想		

【学以致用】

1. 在校园里观察后，可以发现的植物现象有（　　）。

A. 蒲公英开花

B. 桂花树开花

C. 柳絮漫天飞舞

2. 观察到大树上有一个鸟窝，但是没有看到小鸟飞进飞出。我们可以推测出（　　）。

A. 曾经有鸟在这里活动

B. 不能证明有鸟住在这里

C. 和鸟没有关系

3. 我们像科学家一样观察、记录，应该（　　）。

A. 全校观察

B. 划分区域观察

C. 想去哪里就去哪里

4. 观察过程中，我们可以（　　）。

A. 抓起蚱蜢观察

B. 摘一片树叶观察

C. 安静地观察，不损伤植物和伤害动物

第三节　生物的分类

教学目标：

1. 掌握生物分类的必要性、生物分类概念及依据。

2. 尝试对植物和动物根据其结构特征进行分类，培养学生观察、思考、比较、分析和判断的能力。

3. 亲手制作植物标本。

教学重难点：

教学重点：尝试根据动植物的特征，对生物进行分类。

教学难点：培养学生观察、思考、比较、分析和判断的能力。

教学过程：

教学环节	教师活动	学生活动	设计意图
一、引入新课	【讲解】我们上节课通过对校园生物的调查和学习，发现地球上的生物多种多样，而科学家们为了更好地描述不同生物之间的亲缘关系，便根据生物的相似程度对生物进行分类。 【过渡】我们这节课就来简单地认识生物的分类	听讲	通过上一节课的学习内容，引入本节课内容：生物的分类
二、动物的分类	【提问】请大家观看视频，视频中介绍了几种动物？这些动物有什么区别？ 【总结】动物可以根据体内有无脊柱分为脊椎动物和无脊椎动物。 【提问】那我们接下来观察以下几种生物，它们属于哪一种类型	观看视频，回答问题。 观察并回答问题	通过视频激发学生学习兴趣，引导学生认识动物的分类
三、植物的分类	【讲解】自然界中的植物多种多样，我们可以简单地根据植物的外形进行分类。 【展示】多种乔木的照片。 【提问】这些植物有什么共同特征？ 【总结】这些植物一般都很高大，具有明显的高大主干，被称为乔木。 【展示】多种灌木的照片。 【提问】我们再看这些植物，有什么特点？ 【总结】像月季、玫瑰等植物没有明显的主干，枝条从基部就开始分支，这样的植物被称为灌木。 【展示】多种藤本植物的照片。 【提问】这些植物有什么特点？ 【总结】像蔷薇、爬山虎等植物茎长而不能直立，依附其他物体向上生长，这样的植物被称为藤本植物。	听讲。 回答问题。 回答问题。 回答问题。	通过观察图片，描述不同植物的特征，进而对植物进行分类

教学环节	教师活动	学生活动	设计意图
	【展示】多种草本植物的照片。 【提问】这些植物在外形上又有怎样的特点？ 【总结】各种蔬菜和菊花的茎多汁，较柔软，多数矮小，被称为草本植物 【提问】通过观察，我们可以根据植物的外形，将植物分成几类？ 【总结】乔木、灌木、藤本植物和草本植物。 【提问】我们接下来观察一下校园内的植物，它们属于哪一种类型？ 【要求】在同一地域生活的植物通常高低分层、错落有致，接下来请大家根据乔木、灌木、藤本植物和草本植物的特点，试着画一画植物的分层现象	回答问题。 回答问题。 回答问题。 观察并绘图	
四、制作植物标本	【讲解】为更好地研究、鉴定生物，并进行教育、示范、展览，人们经常将动物、植物、化石等进行处理制成标本。 【展示】动植物标本。 【讲解】动物标本制作步骤较烦琐，植物标本制作步骤相对简单，我们这节课就学习一下植物标本的制作方法。 【讲解】制作植物标本的四个步骤：取材、压制、上台纸和塑封。 1. 取材。选取长度约 30 厘米的植物，所选取的植物器官要尽量完整，最好有花、果实或种子等易于辨识的器官。采集草本植物时要保证植物的完整性。 2. 压制。压制标本需要的工具主要是标本夹和废旧报纸。压制时将所采集到的植物标本放到废旧报纸上，标本要放平整，不能将器官或叶片折叠、堆叠，同时要将一部分叶片的背面向上放置，观察叶背面的特征，最后用标本夹压制。在压制过程中要经常观看压制情况，更换干燥旧报纸。 3. 上台纸。将压制好的植物标本移至台纸上，并贴好植物介绍标签。 4. 塑封。利用塑封机将标本塑封好。 【要求】那么请大家今天课后就去完成第 1、2 两个步骤，下节课前我们进行植物标本的塑封。需要提醒同学们的是，在采集植物样本时，请大家不要过度破坏花草，尽可能选取好样本后，再进行采摘，不对植物的其他部分或其他植物造成损伤	观看。 听讲并观察教师的操作	讲解植物标本的制作方法，激发学生学习兴趣，引导学生制作植物标本

教学环节	教师活动	学生活动	设计意图
五、总结	【讲解】我们这节课通过观察图片，简单地学习了生物的分类，并了解了植物标本的制作方法。同学们课后看到动植物时，也可以尝试进行生物的分类！看看你能否将今天学习到的知识应用到生活实际中		进行课堂小结，帮助学生梳理相关知识，提出拓展要求

学习任务单

学习目标：

1.掌握生物分类的必要性、生物分类概念及依据。

2.尝试对植物和动物根据其结构特征进行分类，培养学生观察、思考、比较、分析和判断的能力。

3.亲手制作植物标本。

学习重点：尝试根据动植物的特征，对生物进行分类。

学习难点：培养学生观察、思考、比较、分析和判断的能力。

学习任务：

1.观看视频，描述动物的分类标准。

2.运用观察法对学校的植物进行分类。分类的方法有很多种，这次我们根据植物的外形将其进行分类，画一画植物外形的模式图。

（1）乔木——具有明显的高大主干。

（2）灌木——没有明显主干，常在基部发出多个枝干。

（3）藤本植物——茎长而不能直立，依附其他物体向上生长。

（4）草本植物——茎多汁，较柔软，多数矮小。

3.试着画一画植物的分层现象的模式图吧！

4.制作植物标本。

制作步骤：

（1）取材：选取长度约30厘米的植物，所选取的植物器官要尽量完整，最好有花、果实或种子等易于辨识的器官。采集草本植物时要保证植物的完整性。

（2）压制：压制标本需要的工具主要是标本夹和废旧报纸。压制时将所采集到的植物标本放到废旧报纸上，标本要放平整，不能将器官或叶片折叠、堆叠，同时要将一部分叶片的背面向上放置，观察叶背面的特征，最后用标本夹压制。在压制过程中要经常观看压制情况，更换干燥旧报纸。

（3）上台纸：将压制好的植物标本移至台纸上，并贴好植物介绍标签。

（4）塑封：利用塑封机将标本塑封好。

要求：请同学们利用课后时间，完成步骤（1）和步骤（2）。

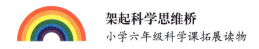

【学以致用】

1.某小组将调查到的生物进行了分类，他们将鲫鱼、金鱼、水草、荷花、水鸭、蟹等归为一类，而将松、柏、蝇、玫瑰、麻雀等生物归为另一类。请问：他们是按照（　　　）方法归类的。

A.按照生物的形态结构特点

B.按照这些生物的用途

C.按照生物的数量

D.按照这些生物的生活环境

2.我们知道对事物进行分类首先要确定分类的依据。如果有人将猫、燕子、蛇、鱼归为一类，而将蝴蝶、虾、河蚌、蚯蚓归为另一类。则他进行分类的依据是（　　　）。

A.陆生或水生

B.有无脊柱

C.会不会飞

D.胎生或卵生

3.植物分类中，重要的分类依据是（　　　）。

A.根、茎的差别

B.叶的特征

C.生殖器官的特征

D.营养器官的特征

4.乔木具有明显的_____；灌木没有_____，常在基部发出多个枝干；藤本植物茎长而不能_____，依附其他物体向上生长；草本植物茎多汁，较柔软，多数_____。

第七章　生物与环境

第一节　生物与环境

教学目标：

1.通过观察和分析，举例说出水、温度、空气、光等是生物生存的环境条件。

2.举例说明生物与环境、生物与生物之间有密切的联系。

3.认同生物与环境相互依赖、相互影响。

教学重难点：

教学重点：举例说明生物与环境、生物与生物之间的关系。

教学难点：认同生物与环境相互依赖、相互影响。

教学过程：

教学环节	教师活动	学生活动	设计意图
一、引入新课	【图片】展示从太空中眺望地球的图片。提出生物圈的概念。 【提问】适宜人类生存的星球需要什么条件？ 【讲解】人类的生存离不开空气、水、食物等	学生观察。 学生思考并回答问题	设置情境，引发学生思考生物的生存需要一定的条件
二、生态系统概念	【视频】播放池塘中小鱼生活的视频。 【提问】思考并提问池塘中哪些因素会对小鱼的生活产生影响？根据所学知识同学们能对这些因素进行分类吗？ 【讲解】我们可以把它们分为生物因素和非生物因素。与金鱼一样，各种生物的生活环境都是由生物因素和非生物因素组成的	观看视频。 学生思考并回答问题	学生通过视频和思考，了解影响生物生活和分布的因素有两种：生物因素和非生物因素
三、非生物因素对生物的影响	【提问】请大家分析池塘中非生物因素对小鱼的影响。 【介绍】展示图片和资料让学生继续分析非生物因素（水、光、空气、温度）对生物生活的影响	学生分析并回答问题。 学生分析和总结	学生通过分析，了解非生物因素可以影响生物的生活和分布，也培养了学生对资料的分析能力

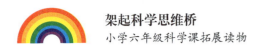

续表

教学环节	教师活动	学生活动	设计意图
四、生物因素对生物的影响	【分析】选定一条小鱼让学生分析哪些生物因素会对这条小鱼有影响。 【讲解】影响这条小鱼的生物因素分为同种生物因素和不同种生物因素。这条小鱼与同种生物之间的关系叫作种内关系,与不同种生物之间的关系叫作种间关系。 【图片】生物与生物关系的影像图片。 【提问】1.种内关系有哪些呢? 2.种间关系有哪些呢? 【分析】请大家具体分析这条小鱼的种内关系和种间关系的种类。 【总结】种内关系有种内互助和种内斗争,种间关系有捕食、竞争、共生、寄生	学生分析。 学生边分析边思考问题	学生通过分析了解生物因素对生物的影响,即种间关系和种内关系
五、生物对环境的适应和影响	【讲解】生物生活的环境是多种多样的,生物要想很好地生存下去,就必须要适应所在的环境,同时它们的生命活动也会影响环境。 【图片】生物适应环境的相关图片和生物影响环境的相关图片。 【提问】请大家观察图片,说明生物与环境的关系。 【总结】生物为了更好地生存和延续后代,普遍适应环境,但生物适应环境也具有相对性。同时生物与环境也是相互影响的	学生听讲。 观察并回答问题	学生了解生物对环境具有适应性,同时又能影响环境
六、总结	【总结】由此可见,环境可以影响生物,生物又在不断地适应环境和改变环境。生物和环境之间相互作用,它们共同造就出我们现在美丽壮观的大自然		通过总结本课所学,深入了解生物与环境的关系

学习任务单

学习目标:

1.通过观察和分析,举例说出水、温度、空气、光等是生物生存的环境条件。

2.举例说明生物与环境、生物与生物之间有密切的联系。

3.认同生物与环境相互依赖、相互影响。

学习重点:举例说明生物与环境、生物与生物之间的关系。

学习难点:认同生物与环境相互依赖、相互影响。

学习任务：

1. 列举影响鱼生存的因素，可以分类说明

2. 生物与生物之间的关系

生物与生物之间的关系分为两种，一种是同种生物之间的关系，为＿＿＿＿＿＿＿

＿＿＿＿＿＿，包括＿＿＿＿＿＿和＿＿＿＿＿＿；另一种是不同种生物之间的关系，为＿＿＿＿＿＿，

包括＿＿＿＿＿＿、＿＿＿＿＿＿、＿＿＿＿＿＿、＿＿＿＿＿＿。

【学以致用】

1. 生物与环境的关系是（　　　　）。

A. 相互影响，毫无作用

B. 相互影响，毫无影响

C. 相互影响，相互作用

2. 2008 年奥运帆船比赛地——青岛，有着丰富的藻类植物资源，海湾浅水处分布着绿藻，稍深处分布着褐藻，再深处分布着红藻。藻类植物的这种分布主要受（　　　　）因素的影响。

A. 阳光　　　　　　　　　　　　B. 温度

C. 气体　　　　　　　　　　　　D. 盐度

3. 蝉在夏天正午鸣叫得最厉害，当环境温度降低到 24 ℃以下时就会停止鸣叫。这一现象中影响蝉生活习性的环境因素是（　　　　）。

A. 阳光　　　　　　　　　　　　B. 水

C. 温度　　　　　　　　　　　　D. 空气质量

4. 在一片农田中，影响水稻生长的生物因素有（　　　　）。

（1）阳光　　（2）杂草　　（3）水分　　（4）土壤

（5）田鼠　　（6）空气　　（7）蝗虫　　（8）蚜虫

A.（1）（2）（5）（6）　　　　　　B.（3）（4）（7）（8）

C.（1）（3）（4）（6）　　　　　　D.（2）（5）（7）（8）

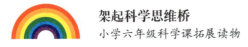

5. 下列不属于影响河中鲤鱼生活的生物因素是（　　　）。

A. 河中的水草　　　　　　　　B. 河中的小虾

C. 河水的清浊　　　　　　　　D. 河中的其他鱼类

6. 蜜蜂找到食物后，会跳"8字舞"招引同伴去采蜜，这种生物现象是（　　　）。

A. 合作　　　　　　　　　　　B. 寄生

C. 捕食　　　　　　　　　　　D. 竞争

7. 能正确表达生物与环境的相互关系的是（　　　）。

A. 生物适应环境　　　　　　　B. 生物影响环境

C. 生物依赖环境　　　　　　　D. A、B、C 都是

8. 下列各项中，说明生物能适应环境的是（　　　）。

A. 水滴石穿　　　　　　　　　B. 夏天人会出汗

C. 鱼离开水会死亡　　　　　　D. 猫见老鼠就追赶

9. 红树林的根能从水中吸收无机物，因此红树林能有效降低水质污染，这一事实说明（　　　）。

A. 生物能够适应自己所生活的环境

B. 生物依赖环境，不能影响环境

C. 生物既能适应环境，又能影响环境

D. 生物能影响其生活的环境

10. 请你用本节课所学知识，解释"草盛豆苗稀"的原理。

第二节 认识植物的光合作用

教学目标：

1.通过材料阅读和实验分析，了解植物光合作用的发现史，能书写植物光合作用表达式。

2.通过了解植物光合作用发现史，了解植物的光合作用，认同任何科学成果的发现都离不开科学研究。

教学重难点：

教学重点：了解植物光合作用的发现史。

教学难点：对光合作用发现过程中的实验进行分析。

教学过程：

教学环节	教师活动	学生活动	设计意图
一、引入新课	【图片】一棵小树的图片。 【提问】植物是人类获取能量和营养的主要来源，那你有没有想过小树的物质和能量是怎么来的呢？ 【讲解】这都是植物的一项特殊本领——光合作用	学生回答问题	创设情境，引入主题
二、亚里士多德的看法	【讲解】2000多年前的亚里士多德认为植物生活和生长所需的一切物质，都是通过根吸收了"土壤汁"得到的。也就是说植物增加的质量等于土壤减少的质量，亚里士多德的想法正确吗	学生听讲、思考并回答问题	了解亚里士多德对于植物生长的观点，初步认识科学观点需要经过长期的实验、修正才能得出
三、海尔蒙特的柳树栽培实验	【展示】海尔蒙特的柳苗栽培实验。（比利时科学家海尔蒙特做过一个著名的实验，他把一棵2.5千克的柳树苗种在桶内，桶上加盖，防止灰尘落入，桶内装有已称重的土壤，他用雨水浇灌树苗，5年后柳树质量增加了70多千克，而土壤只减少了不到100克） 【提问】1.海尔蒙特的实验得出了什么结论？ 2.实验中土壤质量也有少量减少，除了实验误差外，最可能的原因是什么？ 3.海尔蒙特忽略了什么？ 【讲解】海尔蒙特推翻了亚里士多德的说法，却忽略了空气的作用，但普利斯特利注意到了	学生听讲，分析实验。 学生尝试总结实验结果，得出植物生长需要水的结论。 根据经验判断海尔蒙特的结论不够科学	初步接触实验法，了解单一变量原则

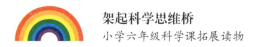

续表

教学环节	教师活动	学生活动	设计意图
四、普利斯特利的实验与英格豪斯实验	【视频】播放模拟普利斯特利实验动画，指出当时条件下的结论。 【提问】 1. 在做实验过程中，我们要遵循什么原则？ 2. 在已知密闭环境能使蜡烛熄灭的情况下，去掉这一组的实验可以吗？ 【提问】普利斯特利的实验证明了植物可以净化空气，然而其他科学家重复普利斯特利的实验时，有的获得了成功有的却失败。 3. 你能分析一下原因么？ 【提问】直到 1779 年，荷兰科学家英格豪斯通过实验发现了这一秘密。请大家观察学案上英格豪斯的实验，你能得出什么结论？ 【提问】那么，在光照下植物改变了空气中的什么物质呢？ 【讲解】由于当时的科学界尚未发现空气的成分，所以当时的人们并不知道植物更新了空气的什么成分。直到 1785 年，由于发现了空气的组成，人们才明确绿叶在光下吸收二氧化碳，释放氧气	观看视频。 遵循单一变量原则。 不能去掉这一组实验。 学生思考并回答问题。 植物净化空气离不开光照。 学生思考问题	学生通过分析实验，明确植物光合作用产生氧气
五、萨克斯实验	【过渡】根据能量转化与守恒定律，梅耶明确指出植物在进行光合作用时，把光能转换成化学能储存起来。到底贮存于什么物质中呢？ 【图片】萨克斯的实验过程。 1864 年，德国植物学家萨克斯实验 绿色叶片 → 黑暗处理 48小时 → 一半照光一半遮光 2小时 → 碘蒸气 变蓝 不变蓝 【讲解】1864 年德国科学家萨克斯做过这样的实验：把绿叶放在暗处数小时，消耗叶片中部分营养物质，然后把叶片的一部分暴露在光下，另一部分遮光。经过一段时间后，用碘蒸汽处理叶片，结果遮光的部分叶片无颜色变化，而照光的一部分叶片显示深蓝色。科学家们已经证实，只有淀粉遇碘呈现蓝色，淀粉燃烧时能够生成二氧化碳和水，因而它是一种有机物 【提问】实验中植物通过光合作用产生了什么物质	学生根据材料思考问题并回答问题。 回答问题	通过实验分析，明确植物光合作用产生有机物
六、总结	【提问】根据这些实验我们可以得出一个什么结论呢？光合作用的表达式我们是不是可以写出来呢？ 【总结】这就是植物的光合作用，绿色植物通过叶绿体，在有光的条件下利用二氧化碳和水制造有机物，产生氧气。其中，有机物可以帮助植物生长、为其他生物提供食物；氧气可以供给呼吸	学生尝试写出光合作用的表达式	学生写出光合作用的表达式，总结光合作用及其意义

学习任务单

学习目标：

1.通过材料阅读和实验分析，了解植物光合作用的发现史，能书写植物光合作用表达式。

2.通过了解植物光合作用发现史，了解植物的光合作用，认同任何科学成果的发现都离不开科学研究。

学习重点：了解植物光合作用的发现史。

学习难点：对光合作用发现过程中的实验进行分析。

学习任务：

1.海尔蒙特的柳树实验

桶中土壤干重 90 千克　　　　只浇雨水
种植柳树苗重 2.5 千克　　　（几乎不含任何养料）

五年后树苗长大了　　　　土壤烘干后称重
　　　　　　　　　　　土壤减重不到 0.1 千克
　　　　　　　　　　　柳树增重 70 多千克

得出结论：＿＿＿＿＿＿＿＿＿＿＿＿＿＿＿＿＿＿＿＿＿＿＿＿。

2.普利斯特利实验

实验一　　　　蜡烛很快熄灭　　　蜡烛正常燃烧

实验二　　　　小鼠很快死亡　　　小鼠正常活着

得出结论：＿＿＿＿＿＿＿＿＿＿＿＿＿＿＿＿＿＿＿＿＿＿＿＿。

3.英格豪斯实验

有光照　　　　无光照

可存活　　　　死亡

得出结论：_____。

4.空气成分的发现

由于当时的科学界尚未发现空气的成分，所以当时的人们并不知道植物更新了空气的什么成分。直到1785年，由于发现了空气的组成，人们才明确绿叶在光下吸收二氧化碳，释放氧气。

得出结论：_____。

5.萨克斯实验

1864年，德国植物学家萨克斯实验

绿色 → 黑暗 48小时 → 一半照光 2小时 → 碘蒸气
叶片　　处理　　　　一半遮光

变蓝

不变蓝

得出结论：_____。

6.总结植物的光合作用

光合作用表达式：_____，其中，原料为_____，产物为_____，条件为_____。

【学以致用】

1.在金鱼缸内放些新鲜的水草，对金鱼的意义是（　　　）。

A.美观　　　　　　　　　　B.为金鱼提供营养

C.增加水中二氧化碳浓度　　D.增加水中氧气浓度

2. 请将下表中关于光合作用的发现史补充完整。

科学家	实验结论
1648 年，海尔蒙特	植物生长所需物质主要来自于_____
1771 年，普利斯特利	植物可以_____空气
1779 年，英格豪斯	植物净化空气离不开_____
1782—1785 年，多名科学家	空气中_____是光合作用的原料，_____是光合作用的产物
1804 年，索苏尔	水是光合作用的原料
1864 年，萨克斯	_____是光合作用的产物
1880 年，恩格尔曼	绿色植物进行光合作用的场所是叶绿体
……	……

第三节　植物光合作用消耗二氧化碳产生氧气

教学目标：

1.通过实验操作与观察，说明植物光合作用消耗二氧化碳。

2.通过实验操作与观察，说明植物光合作用产生氧气。

3.通过实验分析，认同植物可以更新空气。

教学重难点：

教学重点：通过实验操作与观察，说明植物光合作用消耗二氧化碳，产生氧气。

教学难点：通过实验操作与观察，增强实验分析、总结的能力。

教学过程：

教学环节	教师活动	学生活动	设计意图
一、复习引入	【讲解】同学们，上节课我们了解了光合作用的发现历程，通过光合作用的发现历程知道了光合作用的表达式。这节课我们就通过自己动手实验，来验证下植物光合作用是否真的消耗二氧化碳，产生氧气	听讲	采用复习引入新课的方法，既巩固了旧知识，又集中了学生的注意力
二、植物光合作用消耗二氧化碳	【视频】植物光合作用消耗二氧化碳产生淀粉的实验。 【提问】结合上节课所学、实验表述和视频，通过实验我们能得到什么结论？ 【讲解】通过此次实验，我们可以得出植物光合作用消耗二氧化碳，产生淀粉；没有二氧化碳，就不能产生淀粉	观看视频。 回答问题	使学生进一步了解植物的光合作用需要消耗二氧化碳，增强学生的实验分析能力
三、植物光合作用产生氧气	【讲解】光合作用的产物除了淀粉以外还有氧气，下面我们就来验证一下光合作用能否产生氧气。 【提问】 1.我们现在做的实验是什么？即探究的问题是什么？ 2.我们在做实验前要提出假设，我们的假设是什么？ 【实验操作过程】展示实验工具、实验操作步骤、操作时的注意事项。 【要求】请大家根据学案实验步骤进行实验操作	学生回答问题，说出实验目的与假设。 学生了解实验操作过程并完成实验	引导学生接触实验法的步骤，在实验过程中体会实验原理

续表

教学环节	教师活动	学生活动	设计意图
四、得出实验结果	【提问】经过一段时间的光合作用，我们可以看到哪些现象呢？ 我们将带火星的小木条放到试管口，小木条的燃烧情况是什么？ 实验结论是什么	试管中的水面下降。 带火星的小木条复燃。 植物通过光合作用可以产生氧气	引导学生分析实验现象，得出实验结论，明确植物光合作用产生氧气，提升实验分析能力
五、总结与扩展	【讲解】通过视频和实验，我们可以明确植物光合作用通过消耗二氧化碳产生淀粉，并释放氧气。 【提问】那么你可以利用所学知识，解释森林中的空气为什么会更加清新吗	回答问题	通过总结明确课程重点，并通过问题扩展，引导学生利用所学知识解释生活实际

学习任务单

学习目标：

1.通过实验操作与观察，说明植物光合作用消耗二氧化碳。

2.通过实验操作与观察，说明植物光合作用产生氧气。

3.通过实验分析，认同植物可以更新空气。

学习重点：通过实验操作与观察，说明植物光合作用消耗二氧化碳，产生氧气。

学习难点：通过实验操作与观察，增强实验分析、总结的能力。

学习任务：

1.植物光合作用消耗二氧化碳

探究问题：植物光合作用消耗二氧化碳吗？

提出假设：植物光合作用消耗二氧化碳。

实验工具：锥形瓶、铁架台、盆栽的天竺葵、氢氧化钠溶液、清水等。

实验操作：

（1）暗处理：将盆栽的天竺葵放在黑暗处一昼夜。

（2）选择两片大小、形态相近的叶片，连接如图装置，左侧锥形瓶中放入清水，右侧锥形瓶中放入氢氧化钠溶液（氢氧化钠溶液可以吸收空气中的二氧化碳）。

（3）将装置放在阳光下照射一段时间。

（4）取下叶片，去除叶绿素，滴加碘液进行检验，观察叶片的变色情况。

实验现象：

左侧锥形瓶中的叶片滴加碘液后变蓝，右侧锥形瓶中的叶片滴加碘液后不变蓝。

实验结论：_____

2. 植物光合作用产生氧气

探究问题：_____

提出假设：_____

实验工具：烧杯、试管、漏斗、金鱼藻、水等。

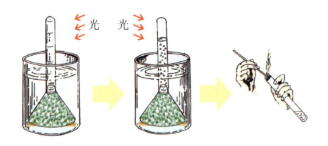

实验操作：

（1）首先将金鱼藻放入烧杯中。

（2）然后往试管中加水，把水加满，不能留任何气体。

（3）将漏斗盖在金鱼藻上后，用大拇指堵住试管口，迅速放到漏斗上。

（4）放到有光照的地方，让其进行光合作用，会发现有气泡产生。

（5）等气体充满试管容积的 1/2 左右时，将其取出。

（6）将带火星的小木条放到试管口，观察小木条的燃烧情况。

实验现象：

_____

_____

实验结论：

_____

_____

【学以致用】

请你用所学知识，解释森林中的空气为什么会更加清新？

第四节　探究人呼吸过程中气体的变化

教学目标：

1. 通过实验操作与观察，说明人呼出气体中氧气含量减少。

2. 通过实验操作与观察，说明人呼出气体中二氧化碳含量增加。

3. 通过实验分析，认同人和动物的呼吸都消耗氧气，产生二氧化碳。

教学重难点：

教学重点：通过实验操作与观察，说明人呼吸消耗氧气，产生二氧化碳。

教学难点：认同动物的呼吸消耗氧气，产生二氧化碳。

教学过程：

教学环节	教师活动	学生活动	设计意图
一、引入新课	【讲解】我们知道植物可以进行光合作用，吸收二氧化碳，产生氧气，但人也无时无刻不在呼吸，那么人呼吸对于气体的利用和植物一样吗？今天我们就通过实验来探究人吸入和呼出气体中成分的变化	听讲	引入新课，激发学生的学习兴趣
二、探究人体呼出气体中氧气含量	【实验】老师这里有一瓶收集好的呼出气体和空气，将燃着的小木条伸入装有呼出气体的集气瓶和装有空气的集气瓶中，观察小木条的燃烧情况。 【提问】为何准备两个集气瓶？ 【讲解】空气代表着吸入气体，两个集气瓶可以形成对照。 使用燃着的小木条检验，是因为氧气具有助燃性。 【提问】接下来，请一位同学来进行实验，请大家观察实验现象。 【讲解】装有呼出气体的集气瓶中燃着的小木条熄灭，装有空气的集气瓶中燃着的小木条没有熄灭。 【提问】根据实验现象，大家能得出怎样的实验结论？ 【讲解】呼出气体中氧气含量小于吸入气体中的氧气含量	回答问题。 观察并描述实验现象。 回答问题	通过观察实验、描述实验现象、分析实验结论，明确人呼出的气体中氧气含量减少，提升实验分析能力

教学环节	教师活动	学生活动	设计意图
三、探究人体呼出气体中二氧化碳含量	【讲解】接下来，我们来探究人体呼出气体中二氧化碳含量。为大家提供的实验工具有带瓶塞的锥形瓶、玻璃弯管、乳胶套管、消毒用的酒精棉签、澄清石灰水，其中澄清石灰水遇到二氧化碳会变浑浊。 【要求】请大家以小组为单位组装实验装置。 【要求】请完成实验装置的同学，按学案完成实验，并观察、记录两个锥形瓶中澄清石灰水的变化情况。 【讲解】乙瓶中的澄清石灰水变浑浊，而甲瓶没有。 【提问】通过实验现象，大家能得出怎样的实验结论？ 【讲解】呼出气体中二氧化碳含量大于吸入气体中的二氧化碳含量	小组合作，组装实验装置。 开展实验，观察实验现象。 回答问题，得出结论	通过观察实验、描述实验现象、分析实验结论，明确人呼出的气体中二氧化碳含量增加，提升实验分析能力
四、总结	【提问】经过实验，大家可以总结人体呼出气体中不同气体成分的变化了吗？ 【讲解】人呼出气体较吸入气体相比，氧气含量减少，二氧化碳含量增加。 【提问】那么人的呼吸消耗什么气体？产生什么气体呢？ 【讲解】人的呼吸消耗氧气，产生二氧化碳。不仅是人，动物的呼吸也是消耗氧气，产生二氧化碳，正好与植物的光合作用相反，因此植物的光合作用可以为人和动物的呼吸提供氧气。 【拓展】那么，人和动物都可以呼吸，植物可以吗？请大家课下查阅资料完成任务	回答问题。 回答问题	通过实验总结，明确人和动物的呼吸消耗氧气，产生二氧化碳；通过课后拓展的任务，引导学生认同自然界中的生物都需要呼吸

学习任务单

学习目标：

1.通过实验操作与观察，说明人呼出气体中氧气含量减少。

2.通过实验操作与观察，说明人呼出气体中二氧化碳含量增加。

3.通过实验分析，认同人和动物的呼吸都消耗氧气，产生二氧化碳。

学习重点：通过实验操作与观察，说明人呼吸消耗氧气，产生二氧化碳。

学习难点：认同动物的呼吸消耗氧气，产生二氧化碳。

学习任务：

1.探究人体呼出气体中氧气含量。

探究问题：人体呼出气体中氧气含量比空气中少吗？

提出假设：人体呼出气体中氧气含量比空气中少。

实验工具：一瓶收集好的呼出气体，一瓶空气，燃着的小木条。

实验操作：

将燃着的小木条分别伸入装有呼出气体的集气瓶和装有空气的集气瓶中，并观察小木条的燃烧情况。

实验现象：_____

实验结论：_____

2.探究人体呼出气体中二氧化碳含量。

探究问题：人体呼出气体中二氧化碳含量比空气中多吗？

提出假设：人体呼出气体中二氧化碳含量比空气中多。

实验工具：带瓶塞的锥形瓶、玻璃弯管、乳胶套管、消毒用的酒精棉签、澄清石灰水（遇到二氧化碳会变浑浊）。

实验操作：

（1）将等量的澄清石灰水分别倒入容积相同的甲、乙两个锥形瓶中，并按图所示连接好实验装置。

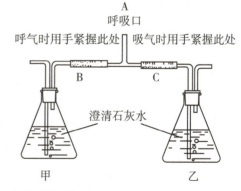

（2）用酒精棉签擦拭 A 处的玻璃管，然后用口吸住吹嘴从 A 处反复进行吸气和呼气。吸气时，用手紧握 C 处的乳胶套管；呼气时，用手紧握 B 处的乳胶套管。

（3）观察并记录两个锥形瓶中澄清石灰水的变化情况。

实验现象：_____

实验结论：_____

【学以致用】

查阅资料，了解人和动物可以呼吸，植物可以吗？

第五节　制作一个生态瓶

教学目标：

1. 通过对已有知识的利用和小组讨论，制作一个水生生态系统的生态瓶。

2. 通过制作生态瓶，认同生物与环境、生物与生物之间的关系，了解什么是生态系统。

3. 通过学习，养成保护环境、爱护生物的意识。

教学重难点：

教学重点：制作生态瓶，了解什么是生态系统。

教学难点：制作生态瓶，分析生物与生物、生物与环境之间的关系。

教学过程：

教学环节	教师活动	学生活动	设计意图
一、引入新课	【视频】小鱼在池塘中自由自在地游泳。 【讲解】我们前几节课通过对生物与环境和生物与生物之间的关系，以及植物光合作用和人的呼吸的学习，了解到生物与环境是一个统一的整体。在生物学上，在一定的空间范围内，生物与环境所形成的统一的整体，叫作生态系统	观看视频。 听讲	通过视频和复习，引起学生兴趣
二、探究生态系统中生物与非生物之间的关系	【提问】小鱼生活的池塘就是一个池塘生态系统，请大家结合生态系统的概念和以前所学，回答以下几个问题： 1. 池塘中有哪些生物？ 2. 水生植物的生存需要哪些条件？ 3. 池塘里的动物生存需要哪些条件？ 4. 池塘里的植物为动物提供了哪些帮助？ 5. 你认为池塘中除了水外还有哪些非生物，它们对生物有什么作用？ 【讲解】光照和水为植物的光合作用提供了条件，植物为动物提供氧气及栖息的场所，动物为植物提供二氧化碳、肥料等，这些生物与生物、生物与非生物之间互相依存、互相作用，构成了一个统一的整体	学生思考并回答问题	引导学生进一步了解生态系统中生物与生物、生物与非生物之间的关系

续表

教学环节	教师活动	学生活动	设计意图
三、设计并制作生态瓶	【讲解】接下来我们就模拟自然界中的池塘制作一个小型的池塘生态系统——生态瓶。首先我们要先设计一个生态瓶制作方案。 【设计方案】组织学生讨论生态瓶设计方案： 1.你认为做一个生态瓶需要考虑哪些因素呢？ 2.你们准备在生态瓶中放什么生物呢？ 3.如果要有动物，那它们的食物来源是什么？ 4.生物放入的顺序需要考虑吗？ 5.为了让这些生物在生态瓶里生活得更好一些，我们还应该考虑些什么？（如生物品种搭配和数量多少问题） 【讲解】请大家根据刚刚讨论的问题和方案，小组合作制作生态瓶	学生思考并设计方案。 小组合作制作生态瓶	引导学生运用所学设计生态瓶，提高小组合作分析、交流设计的能力
四、生态瓶展评	【展评】现在生态瓶已经完成了，请每组展示制作好的生态瓶，并派代表介绍一下设计原理。其他同学点评，认为他们小组这样安排合理吗？适合这些生物生长吗	展示小组制作结果	展示小组制作的生态瓶，提升学生汇报交流、总结分析的能力
五、总结	【讲解】通过对生态瓶的制作，我们深入了解了生物与生物、生物与非生物之间的关系以及生态系统的概念。 【任务】请大家以小组为单位，每天观察小生态瓶中的变化，并将变化记录到学案上	明确任务	进一步观察生态瓶的稳定性，分析生态系统的功能，提升学生观察能力和对生物学的学习兴趣

学习任务单

学习目标：

1.通过对已有知识的利用和小组讨论，制作一个水生生态系统的生态瓶。

2.通过制作生态瓶，认同生物与环境、生物与生物之间的关系，了解什么是生态系统。

3.通过学习，养成保护环境、爱护生物的意识。

学习重点：制作生态瓶，了解什么是生态系统。

学习难点：制作生态瓶，分析生物与生物、生物与环境之间的关系。

学习任务：

1.概念：在一定的空间范围内，生物与环境所形成的统一的整体，叫作生态系统。

2.制作生态瓶。

（1）我们是否要先放一些非生物呢？

①沙石作用：为生物的生活提供栖息地，也为微生物的繁殖提供场所。

②水的选择：□肥皂水　　□白醋水　　□常温清水　　□冰水

（2）我们准备让哪些生物来生活呢？

①植物——蜈蚣草　　　　□不选　　　　　□选

资料：蜈蚣草生命力极强，生长速度快，喜光照充足的环境，喜温暖，怕寒冷。鱼类的排泄物和呼出的二氧化碳可作为肥料供给蜈蚣草生长。

植物起的作用是_____。

②动物——草金鱼　　　　　□不选　　　　　□选

资料：草金鱼又叫金鲫鱼，适应性强，受温度的影响较大，生活在水中，靠水中溶解的氧气生存。水体中二氧化碳含量较高也会危及草金鱼的正常生长和发育。

③除了你选择的动物外，你认为制作的生态瓶还有没有其他的生物？

资料：苹果螺小巧可爱，繁殖能力强，具有一定的除藻能力，能忍耐缺氧水；黄金螺俗称割草机，可以清理食物残渣，会吃水草，食量较大；紫纹螺可以刷缸除藻，清理食物残渣，会吃水草。

螺　　□不选　　□选_____（选择出你认为合适的螺）

动物起的作用是_____。

（3）放置生态瓶时，你认为放在什么地方能使它们生活得更好呢？

（4）开始制作。

①先把所选沙石装入玻璃瓶中，小心加水至你认为合适的位置。

②将水草放入瓶中，将小动物也加进去。（如未选就不往生态瓶里加）

③盖上盖子。

3. 小组展示要求。

（1）向同学们介绍自己制作的小生态瓶选择的是什么水？

（2）你认为里面的植物起什么作用？

（3）你所选择的动物有哪些？为什么？

（4）你认为动物在生态瓶里的作用是什么？

（5）你认为把你制作的生态瓶放到什么环境里对动物的生存比较好呢？

4. 课后任务。

需要每天观察记录：

时间	水草情况	螺的情况	鱼的情况	水的情况	沙石情况
第一天					
第二天					
第三天					
第四天					

续表

时间	水草情况	螺的情况	鱼的情况	水的情况	沙石情况
第五天					
第六天					
第七天					
结果分析					

【学以致用】

1.池塘里的生物和非生物，它们是（　　　　）。

A.互相作用、互相依存的

B.相互没有影响

C.生物会影响非生物，非生物不会影响生物

2.我们要用透明的瓶子来制作生态瓶，这主要是因为（　　　　）。

A.植物的生长需要阳光

B.生态瓶中的小鱼需要阳光

C.水的蒸发需要阳光

3.在生态瓶中放置动物和植物时，应（　　　　）。

A.先放动物　　　　　B.先放植物　　　　　C.一起放动物和植物

4.我们制作的小生态瓶要想长期维持稳定，应该注意的是（　　　　）。

A.生态瓶要美观

B.生物种类和数量要配比合理

C.生态瓶要放置在强光下

5.生态瓶里的非生物为动物提供了（　　　　）。

A.食物　　　　　B.栖息地　　　　　C.能量

6.判断题

（1）做生态瓶前，我们一定要先了解这些生物的生活需要。　　　　（　　　）

（2）几十只昆虫生活在一起，互相依赖，互相影响，构成一个生态系统。

（　　　）

（3）一群蚂蚁生活在一起，互相依赖，互相影响，形成了一个蚂蚁群落。

（　　　）

第八章　生物的生活需要营养

第一节　食物中含有哪些营养物质

教学目标：

1. 说出人体所需要的主要营养物质，知道其作用及食物来源。

2. 运用科学方法测定食物中的营养物质。

3. 关注自身和他人的营养状况。

教学重难点：

教学重点：说出人体所需要的主要营养物质及其作用。

教学难点：能区别不同食物中含有的营养物质种类。

教学过程：

教学环节	教师活动	学生活动	设计意图
一、引入新课	【提问】汽车要跑得快，需要加油，人体要进行各项生命活动，需要营养。展示一些美食图片，大家想不想知道我们所吃的食物中含有哪些营养物质	学生聆听、思考并回答问题	情境导入，激发学生兴趣
二、检验食物中的各种营养物质	【实验】将少许晒干的小麦籽粒放在试管内，用酒精灯烘烤，观察试管壁上出现的现象。 【提问】试管壁上出现的现象说明了什么问题？ 【实验】将试管内的小麦籽粒倒在石棉网上，用酒精灯的外焰充分加热，观察籽粒的变化。 【提问】小麦籽粒充分燃烧后剩下的灰分是什么物质？ 【讲解】充分燃烧后，发现小麦会留有一些灰分，这些灰分是小麦里留存的无机盐。 【实验】将少量面粉与清水和成面团后包在纱布内，在盛有清水的烧杯中揉洗，直至清水变成乳白色。将少量乳白色液体倒入试管中，然后滴入 1~2 滴碘液，观察试管内液体的颜色变化。 【提问】结合前面所学，面粉中含有哪种营养物质？ 【实验】取少量蛋清于试管中，向蛋清里加入双缩脲试剂，观察试管中液体的颜色变化。	观察实验现象。 回答问题。 观察实验现象。 回答问题。 观察实验现象。 回答问题。	通过观察实验现象，分析实验结果，明确食物中含有的营养物质，提升学生实验分析能力和归纳总结能力

续表

教学环节	教师活动	学生活动	设计意图
	【提问】双缩脲试剂遇蛋白质会变成紫色，那么蛋清中含有哪种营养物质？	回答问题。	
	【实验】将花生种子放在白纸上，用力挤压，观察纸上的压痕。	观察实验现象。	
	【提问】花生种子中含有哪种营养物质？	回答问题。	
	【实验】在 3 支干净的试管中滴加高锰酸钾溶液，一支试管中滴加清水，一支滴加维生素 C 溶液，一支滴加柠檬汁，观察颜色变化。	观察实验现象。	
	【提问】柠檬汁中含有哪种营养物质？	回答问题	
	【讲解】维生素 C 可以使高锰酸钾溶液褪色，柠檬汁同样可以，这说明柠檬汁中含有维生素 C。		
	【总结】通过刚才的实验，我们可以知道食物中有水、无机盐、维生素、糖类、脂肪和蛋白质等多种营养物质		
三、营养物质的作用及缺乏症	【讲解】我们吃的食物中都有这些营养物质，只不过不同的食物中这些营养物质所占的比例不同。那么这些营养物质到底可以为我们的生命活动提供哪些作用呢？	听讲。	
	【图片】人体中各器官的水的比例以及血液循环图。		
	【提问】图示说明水有什么作用？	观察图片，回答问题。	
	【讲解】水是生物体需要量最大的营养物质，因为水是构成细胞的主要成分，同时各种营养物质和含氮废物都要溶解在水中才能被运送到身体的各个部位。		
	【讲解】无机盐也是生物体的主要组成成分。		
	【图片】展示缺乏无机盐的症状。		
	【提问】缺乏无机盐（主要是含钙、铁、磷、碘的无机盐）会出现什么症状呢？哪些食物中含有该类无机盐呢？	观察图片，回答问题。	
	【讲解】豆类、奶制品、虾皮、鱼类等营养物质多含钙，缺钙易患佝偻病和骨质疏松。奶制品、鱼类、蛋类、豆类等营养物质多含铁，缺铁易患缺铁性贫血。海带、紫菜等海产品中多含碘，缺碘易患地方性甲状腺肿大。		
	【图片】小学生不吃早饭的漫画。		
	【提问】为什么这个学生不吃早饭会头晕呢？	回答问题	
	【讲解】若出现此类症状，一般食用糖会恢复较快。而早餐中也多含糖类，是因为糖类是生物体进行生命活动的主要能源物质。		
	【图片】头发、指甲、肌肉的图片。		
	【讲解】同学们，除了图片中显示的部位外，我们身体中的很多结构都是由蛋白质组成的，蛋白质是构成细胞和生物体的重要组成成分。		

教学环节	教师活动	学生活动	设计意图
	【图片】青少年和生病的人的图片 【讲解】医生建议青少年和伤病员多吃蛋白质含量高的食物，是因为蛋白质是建造和修复身体的重要原料，人体的生长发育以及受损细胞的修复和更新，都离不开蛋白质。 【讲解】此外，人体生命活动需要的酶和激素也是由蛋白质构成。 【图片】北极熊和北极豹的图片。 【提问】从图片中可以看出，脂肪有什么作用？ 【讲解】脂肪是储存能量的主要物质，对动物维持体温恒定起重要作用。 【资料】关于坏血病的资料。 【提问】维生素 C 的作用是什么呢？ 【讲解】维生素 C 可以维持人体正常新陈代谢，增强抵抗力，若缺乏维生素 C 会患坏血病。此外，缺乏维生素 A 会患夜盲症；缺乏维生素 B_1 会患神经炎；缺乏维生素 D 会患佝偻病和骨质疏松。 【讲解】此外，营养物质中还含有膳食纤维，虽不能被人的肠胃吸收和利用，但可促进肠胃蠕动和排空，被科学家称为第七类营养素	回答问题。 阅读材料。 回答问题	通过对图片、资料、生活常识等材料的分析，明确各种营养物质的作用、缺乏症等，提升学生分析能力和总结能力，引导学生关注自身和他人的营养状况
四、总结	【讲解】由此可知，食物可以给我们提供的营养物质有水、无机盐、维生素、蛋白质、糖类、脂肪等，它们对我们的生命活动都具有重要作用	听讲	总结本课重点，明确学习重点

学习任务单

学习目标：

1.说出人体所需要的主要营养物质，知道其作用及食物来源。

2.运用科学方法测定食物中的营养物质。

3.关注自身和他人的营养状况。

学习重点：说出人体所需要的主要营养物质及其作用。

学习难点：能区别不同食物中含有的营养物质种类。

学习任务：

1.检验食物中的各种营养物质

实验工具：

干燥的小麦籽粒、花生种子、面粉、酒精灯、试管、烧杯、胶头滴管、试管夹、三脚架、石棉网、火柴、纱布、白纸、碘液、清水等。

方法步骤：

（1）将少许晒干的小麦籽粒放在试管内，用酒精灯烘烤，观察试管壁上出现的现象。

（2）将试管内的小麦籽粒倒在石棉网的上，在酒精灯的外焰上充分加热，观察籽粒的变化。

（3）将少量面粉与清水和成面团后包在纱布内，在盛有清水的烧杯中揉洗，直至清水变成乳白色。将少量乳白色液体倒入试管中，然后滴入 1~2 滴碘液，观察试管内液体的颜色变化。

（4）取少量蛋清于试管中，向蛋清里加入双缩脲试剂，观察试管中液体的颜色变化。（注：双缩脲试剂遇蛋白质会变成紫色）

（5）将花生种子放在白纸上，用力挤压，观察纸上的压痕。

（6）在 3 支干净的试管中滴加高锰酸钾溶液，一支试管中滴加清水，一支滴加维生素 C 溶液，一支滴加柠檬汁，观察颜色变化。

实验后讨论：

（1）步骤（1）中，试管壁上出现的现象说明了什么问题？

（2）步骤（2）中，小麦籽粒充分燃烧后剩下的灰分是什么物质？

（3）由步骤（3）可知，面粉中含有哪种营养物质？

（4）步骤（4）中，蛋清中含有哪种营养物质？

（5）由步骤（5）可知，花生种子中含有哪种营养物质？

（6）由步骤（6）可知，柠檬汁中含有哪种营养物质？

2. 归纳食物中含有的营养物质及作用

营养物质	作用	食物来源

【学以致用】

1. 小明经检查发现缺钙，医生给他开了一些钙片，同时还建议他加服（　　　）。

A. 维生素 A　　　　　　　　B. 维生素 B

C. 维生素 C　　　　　　　　D. 维生素 D

2. 某人一到黄昏就看不清东西，应注意多吃（　　　）。

A. 豆类、糙米、全粒谷物　　　B. 胡萝卜、黄玉米

C. 肉、蛋、奶　　　　　　　　D. 新鲜的水果、蔬菜

3. 向 0.1% 的高锰酸钾溶液（紫红色）中逐渐滴入下列哪种物质后，不会发生褪色（　　　）。

A. 苹果汁　　　　　　　　　B. 白菜汁

C. 糖水　　　　　　　　　　D. 橘子汁

4. 填空题。

（1）"学生奶计划"是为了保证学生每天获得足够的_____，因为人的生

长发育以及受损细胞的修复和更新都离不开_____。

（2）多吃绿色蔬菜、瓜果和胡萝卜等食物可预防_____，因为这些食物中含有的胡萝卜素在人体内可以转化成_____。

5. 把下列维生素与相应的缺乏症用线连接起来，想一想，你平时吃的食物中含有的相应的维生素。

脚气病   维生素 D

坏血病   维生素 B_1

夜盲症   维生素 C

佝偻病   维生素 A

6. 记录你一天所吃的食物，并查阅食物营养成分表（每 100 g 的含量）。根据数据比一比。

早餐：_____

午餐：_____

晚餐：_____

其中含蛋白质最多的食物是_____；含糖类最多的食物是_____；一天中所获得的维生素有哪几种？_____；含维生素 A 最多的食物是_____；含维生素 C 最多的食物是_____；含钙的无机盐最多的食物是_____。

第二节　如何合理膳食

教学目标：

1.举例说出什么是合理膳食，引导学生培养良好的饮食习惯。

2.尝试运用相关知识，设计一份营养合理的食谱，培养解决问题的能力，激发创新精神。

3.通过小组合作学习，培养学生团结协作的精神，激发学生的学习热情，养成良好的饮食习惯，确立积极、健康的生活态度，提高学生的科学素养。

教学重难点：

教学重点：能举例说出什么是合理膳食。

教学难点：能运用相关知识设计一份营养合理的食谱，并在日常生活中注意合理膳食。

教学过程：

教学环节	教师活动	学生活动	设计意图
一、引入新课	【提问】大家平时一日三餐都吃些什么呢？ 【图片】展示生活中的一些美食图片。 【介绍】这些都是我们生活中常吃到的食物，它们可以为人体提供所需的营养物质。但是由于有些人挑食、偏食等原因导致营养过剩，或者营养不良，这都是因为摄取的营养不均衡所致。 【活动】请大家根据公式计算一下自己的营养状况，来看一下你属于哪种情况？ 计算方法：实际体重/标准体重 评价指标：营养不良 <0.9；正常 0.9~1.1；营养过剩 >1.1 男性标准体重（千克）= 身高（厘米）－105 女性标准体重（千克）= 身高（厘米）－100	学生回答。 学生计算	生活常识和活动引入，激发学生学习兴趣
二、合理膳食	【讲解】导致人们膳食营养不均衡的主要原因是食物单调而营养不足，或是膳食结构不合理。 【提问】人体正常生命活动的维持需要多种营养物质的供给，特别是正处在生长发育旺盛时期的青少年，合理膳食是保证身体正常生长发育的基础。那么，什么是合理膳食呢？	学生听讲。 学生思考并回答问题。	

教学环节	教师活动	学生活动	设计意图
	【图片】中国居民平衡膳食宝塔的图片。 中国居民平衡膳食宝塔（2016） 盐　　　　　　　　<6 克 油　　　　　　　　25~30 克 奶及奶制品　　　　300 克 大豆及坚果类　　　25~35 克 畜禽肉　　　　　　40~75 克 水产品　　　　　　40~75 克 蛋类　　　　　　　40~75 克 蔬菜类　　　　　　300~500 克 水果类　　　　　　200~350 克 谷薯类　　　　　　250~400 克 全谷物和杂豆　　　50~150 克 薯类　　　　　　　50~150 克 水　　　　　　　　1 500~1 700 毫升 每天活动 6000 步 【提问】食物金字塔提供了哪些信息？ 根据食物金字塔对各类食物摄取量的要求，你认为我们日常的饮食应该注意哪些问题？ 【提问】为什么偏食或挑食不利于我们的身体健康和生长发育？ 【讲解】我们对各类食物的需求呈金字塔形，谷薯类取食量应最多，盐油取食量应最少，如果挑食或偏食会导致我们获取的营养物质不均衡。例如肉吃得过多，会导致我们体内脂肪含量增加，引起肥胖，肥胖会引起很多疾病，如会增加患心血管疾病的危险，盐吃得过多，如会对我们的肾脏有危害等。这些都不利于我们的健康，所以我们应该养成良好的饮食习惯。 【提问】我们应该养成什么样的饮食习惯？ 【讲解】一日三餐，按时进餐；不偏食、不挑食、不暴饮暴食；饭后不立即进行剧烈运动；不盲目节食和减肥；不吃过冷或者过热的食物；少吃或不吃垃圾食品。 【提问】大家知道哪些食品是不利于健康的吗？ 【讲解】像油炸类、腌制类、加工类肉食、汽水可乐类、方便面类、罐头类、话梅蜜饯类、冷冻干品类、烧烤类等食品均不利于身体健康	观察图片并回答问题。 学生思考并回答问题。 学生思考并回答问题。 学生思考并回答问题	通过对平衡膳食宝塔的分析，引导学生了解人体对各类食物摄取量的需求；通过观察图片、阅读资料，了解日常饮食中有哪些食品会对身体产生哪些危害，了解怎样才是良好的饮食习惯
三、食品安全	【讲解】请大家仔细阅读课前收集的食品包装袋或包装盒上的文字，讨论并回答下列问题： （1）应当关注食品包装袋上的哪些问题？ （2）怎样判断包装食品是否过了保质期？ （3）购买蔬菜、鱼、肉等非包装食品时，应当注意哪些问题？	观察包装袋并回答问题。	

教学环节	教师活动	学生活动	设计意图
	【视频】曝光的食品安全问题。 【提问】除了大家刚刚所说的内容外，平时购买食品或吃东西时应注意什么呢？ 【讲解】食品安全关系着我们的身体健康和生命安全，国家很重视这个问题，从 2009 年 6 月 1 日起正式施行了《中华人民共和国食品安全法》，2010 年 2 月，我国成立了国务院食品安全委员会。因此，在购买食品时，我们还需关注是否有食品生产许可证编号，确定食品是否安全、可靠	观看视频并回答问题	通过阅读包装袋、包装盒上的信息以及观看视频，引导学生关注食品安全
四、设计午餐食谱	【活动】根据所学，请你设计一份午餐食谱，并列举其中所含的营养物质，说明你的理由。 【要求】请同学来介绍自己的午餐食谱，请其他同学帮忙判断该同学的食谱设计得是否合理。 【总结】通过这节课的学习，我们了解了什么是合理膳食和食品安全，大家现在正处于生长发育的关键时期，所以一定要合理膳食，锻炼身体，保证健康成长	学生讨论，设计午餐食谱。 介绍午餐食谱，并判断是否合理	通过亲自设计和分析午餐食谱，引导学生利用所学解决生活实际问题，培养学生解决问题的能力，养成良好的饮食习惯，确立积极、健康的生活态度，提高学生的科学素养

学习任务单

学习目标：

1. 举例说出什么是合理膳食，引导学生培养良好的饮食习惯。

2. 尝试运用相关知识，设计一份营养合理的食谱，培养解决问题的能力，激发创新精神。

3. 通过小组合作学习，培养学生团结协作的精神，激发学生的学习热情，养成良好的饮食习惯，确立积极、健康的生活态度，提高学生的科学素养。

学习重点：能举例说出什么是合理膳食。

学习难点：能运用相关知识设计一份营养合理的食谱，并在日常生活中注意合理膳食。

学习任务：

1. 计算自己的营养状况。

计算方法	评价指标		
	营养不良	正常	营养过剩
实际体重 / 标准体重	<0.9	0.9~1.1	>1.1

男性标准体重（千克）= 身高（厘米）-105

女性标准体重（千克）= 身高（厘米）-100

2. 观察食物金字塔，讨论以下问题。

（1）食物金字塔提供了哪些信息？

（2）根据食物金字塔对各类食物摄取量的要求，你认为我们日常的饮食应该注意哪些问题？

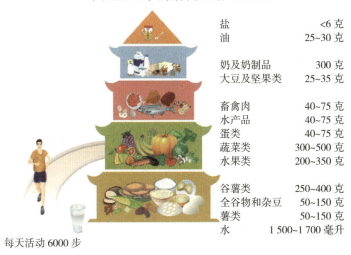

中国居民平衡膳食宝塔（2016）

盐	<6 克
油	25~30 克
奶及奶制品	300 克
大豆及坚果类	25~35 克
畜禽肉	40~75 克
水产品	40~75 克
蛋类	40~75 克
蔬菜类	300~500 克
水果类	200~350 克
谷薯类	250~400 克
全谷物和杂豆	50~150 克
薯类	50~150 克
水	1 500~1 700 毫升

每天活动 6000 步

（3）为什么偏食或挑食不利于我们的身体健康和生长发育？

3. 仔细阅读课前收集的食品包装袋或包装盒上的文字，讨论并回答下列问题。

（1）应当关注食品包装袋上的哪些问题？

（2）怎样判断包装食品是否过了保质期？

（3）购买蔬菜、鱼、肉等非包装食品时，应当注意哪些问题？

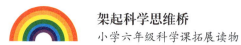

4. 根据所学，请你设计一份午餐食谱，并列举其中所含的营养物质。

午餐食谱	
所含的营养物质	

【学以致用】

1. 合理膳食是指（　　）。

A. 蛋白质是构成细胞的基本物质，应该多吃

B. 糖类是主要的能源物质，应多吃

C. 应以肉类、蔬菜、水果为主

D. 各种营养物质的比例合适，互相搭配

2. 合理膳食对青少年的生长发育非常重要。下列饮食习惯正确的是（　　）。

A. 不挑食、不偏食　　　　　　B. 不吃早餐

C. 以可乐等饮料代替水　　　　D. 常吃煎炸食品

3. 人们一般一日三餐，经科学论证，在每日摄入的能量中，早餐、中餐、晚餐的能量比例是（　　）。

A. 1 : 2 : 1　　　　　　　　B. 2 : 3 : 3

C. 3 : 4 : 3　　　　　　　　D. 3 : 3 : 3

4. 小红为自己设计了四份早餐，其中营养搭配最合理的是（　　）。

A. 牛奶、鸡蛋、馒头　　　　　B. 饼干、饮料、方便面

C. 肉丝面、水果、蔬菜　　　　D. 稀饭、鸡腿、油条

5. 小明最近要减肥，请你帮他选出最佳的减肥方法（　　）。

A. 进行高强度的体育运动　　　B. 到药店买减肥药

C. 尽量少吃或不吃食物　　　　D. 适当的体育锻炼加合理膳食

6. 某同学为妈妈设计了一份午餐食谱：米饭、红烧鲤鱼、葱炒鸡蛋，再添加下列哪种食物后会使这份食谱中的营养更加均衡（　　）。

A. 素炒豆角　　　　　　　　　B. 牛奶

C. 排骨汤　　　　　　　　　　D. 小米粥

7. 食品安全，关乎民生。购买食品时要关注食品包装上的（　　）。

①保质期　②添加剂的种类　③生产日期　④厂家厂址　⑤质量安全标志

A. ①②③　　　　　　　　　　B. ③④⑤

C. ①②③④　　　　　　　　　D. ①②③④⑤

第九章　认识细胞

第一节　常用实验工具的认识和使用

教学目标：

1.能识别中学生物学常用的实验工具，说出其名称。

2.能够规范地使用生物学常用的解剖器具及放大镜。

3.感受实验操作的乐趣，体验实验室工作的细致。

教学重难点：

教学重点：能够规范地使用生物学常用的解剖器具及放大镜。

教学难点：能够规范地使用解剖器具和放大镜进行生物学实验。

教学过程：

教学环节	教师活动	学生活动	设计意图
一、引入新课	【讲解】生物是一门以实验为基础的学科。我们在进行实验操作时会用到各种各样的实验工具，生物学实验中常用的解剖器具有：解剖剪、解剖刀、解剖针和镊子，我们这节课的内容就是识别中学生物学常用的实验工具	学生听讲	直入主题
二、识别和使用实验工具	【图片】放大镜的图片。 【讲解】放大镜是用来观察物体微小细节的简单目视光学器件，分为透镜和镜柄两部分，透镜中间厚边缘薄，具有放大物体影像的功能，属于观察使用的工具。 【练习】请大家按照学案要求练习使用放大镜。 方法一：让放大镜靠近解剖盘中的叶片，然后将放大镜在物体和人眼之间来回移动，直至图像大而清楚。 方法二：放大镜尽量靠近眼睛。放大镜不动，移动叶片，直至图像大而清楚。 【讲解】在实验中还常需要大家使用解剖器进行解剖，如解剖剪、解剖刀、解剖针和镊子等。 【图片】解剖剪的图片。 解剖剪全长约135毫米 直头　　弯头	学生练习使用放大镜。 学生观察解剖剪。	通过教师介绍、观察和亲手实验，引导学生规范地使用生物学常用的放大镜及解剖器具，感受实验操作的乐趣，体验实验室工作的细致

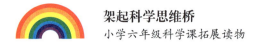

续表

教学环节	教师活动	学生活动	设计意图
	【讲解】解剖剪分为弯头解剖剪和直头解剖剪两种，用于剪断、剪开实验材料。持剪刀时拇指和无名指分别插入两孔，食指扶剪轴。 【图片】解剖刀的图片。 安装方法： 刀柄前端有卡槽 刀片的细开口处 需要卡进去 以固定刀片 【讲解】解剖刀常用于切开、割断、剥离实验材料。使用时多采用执笔式 【图片】解剖针的图片。 【讲解】解剖针用于分离、刺孔、探洞。使用时多采用执笔式。 【图片】镊子的图片。 解剖剪全长约 124 毫米 直头　　弯头 【讲解】镊子用于捡取、夹放实验材料。 【练习】请同学们根据学案要求，练习使用解剖器具并完成表格。 1.使用解剖剪把叶片剪成右侧单元格中文字要求的形状并贴于下方。 2.使用解剖刀把叶片切成右侧单元格中文字要求的形状并贴于下方。 3.使用解剖针在叶片上刺出1个直径为1厘米的圆片，并贴于右侧单元格中；在同一片叶上分离出2厘米长的1条叶脉，并贴于右侧单元格中。 4.使用镊子夹取叶柄和叶片。 【要求】请各小组展示操作结果	学生观察解剖刀。 学生观察解剖针。 学生观察镊子。 小组合作，练习使用解剖器具。 展示实验结果	
三、总结	【总结】希望大家熟练掌握放大镜和解剖器具的使用方法，以便在实验时能够很好地利用它们完成实验	听讲	通过总结，明确本课学习重点，引导学生重视放大镜和解剖器个的使用

学习任务单

学习目标：

1. 能识别中学生物学常用的实验工具，说出其名称。

2. 能够规范地使用生物学常用的解剖器具及放大镜。

3. 感受实验操作的乐趣，体验实验室工作的细致。

学习重点：能够规范地使用生物学常用的解剖器具及放大镜。

学习难点：能够规范地使用解剖器具和放大镜进行生物学实验。

学习任务：

1. 常用实验工具及持法

（1）放大镜：用来观察物体微小细节的简单目视光学器件，分为透镜和镜柄两部分，透镜中间厚边缘薄，具有放大物体影像的功能。

（2）解剖剪：用于剪断、剪开实验材料。持剪刀时拇指和无名指分别插入两孔，食指扶剪轴。

解剖剪全长约 135 毫米

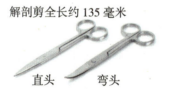

直头　　弯头

（3）解剖刀：用于切开、割断、剥离实验材料。使用时多采用执笔式。

安装方法：
刀柄前端有卡槽
刀片的细开口处
需要卡进去
以固定刀片

（4）解剖针：用于分离、刺孔、探洞。使用时多采用执笔式。

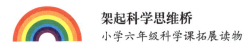
（5）镊子：用于捡取、夹放实验材料。

解剖剪全长约124毫米

直头　　弯头

2. 常用实验工具的使用

（1）练习使用放大镜

方法一：让放大镜靠近解剖盘中的叶片，然后将放大镜在物体和人眼之间来回移动，直至图像大而清楚。

方法二：放大镜尽量靠近眼睛。放大镜不动，移动叶片，直至图像大而清楚。

（2）练习使用解剖器具并完成下表

解剖器具	操作要求	操作结果
解剖剪	把叶片剪成右侧单元格中文字要求的形状并贴于下方	正方形　　圆形　　长方形 1厘米 ×1厘米　直径2厘米　3厘米 ×1厘米
解剖刀	把叶片切成右侧单元格中文字要求的形状并贴于下方	正方形　　　　长方形 1.5厘米 ×1.5厘米　2.5厘米 ×1厘米
解剖针	1.在叶片上剌出1个直径为1厘米的圆片，并贴于右侧单元格中。 2.在同一片叶上分离出2厘米长的1条叶脉，并贴于右侧单元格中	直径1厘米的圆片　　2厘米长的1条叶脉
镊子	夹取叶柄和叶片	1.使用解剖刀将叶柄切成长1厘米的小段，共10段。 2.使用解剖剪将叶片剪成直径约1厘米的圆形小片，共剪10片。 3.使用镊子快速夹取叶柄小段，移动30厘米后放下。计数和计时：10次共用_____秒。 4.使用镊子快速夹取小叶片，移动30厘米后放下。计数和计时：10次共用_____秒。 5.计算：夹取叶柄的平均时间是_____；夹取小叶片的平均时间是_____

【学以致用】

1.下列几种实验工具中，不属于常用解剖器具的是（　　　）。

A.镊子　　　　　　B.解剖刀　　　　　C.放大镜　　　　　D.解剖针

2.观察小肠实验中，剪开小肠需要用到的解剖器具是（　　　）。

A.镊子　　　　　　B.解剖刀　　　　　C.解剖针　　　　　D.解剖剪

3.如果你想仔细地观察蚂蚁，你会借助的工具是（　　　）。

A.显微镜　　　　　B.放大镜　　　　　C.镊子　　　　　　D.平面镜

4.请同学们发挥你的想象力，利用落叶完成一幅剪纸画，并贴在本页。

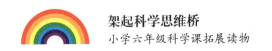

第二节　显微镜的认识和使用

教学目标：

1.能说出显微镜各部位的名称和作用。

2.能正确地操作显微镜，并较快地找到清晰的物像。

3.能分析出显微镜的成像规律和移动规律。

教学重难点：

教学重点：能正确认识并操作显微镜。

教学难点：能正确认识并操作显微镜。

教学过程：

教学环节	教师活动	学生活动	设计意图
一、引入新课	【讲解】在我们生活的周围有很多用肉眼看不到的生物，需要借助工具将它们放大，才能观察到。我们需要借助一种工具——显微镜。 【讲解】显微镜分为两类，一种为电子显微镜，一种为光学显微镜，中学阶段使用的显微镜为光学显微镜。光学显微镜是利用光学原理将微小物体放大，那光学显微镜由什么组成呢	学生听讲	学生简单了解显微镜，明确中学阶段使用的显微镜为光学显微镜
二、认识显微镜	【图片】显微镜的结构图片。 目镜（放大物像） 粗准焦螺旋（一般调节） 细准焦螺旋（精细调节） 镜筒（连接目镜与物镜） 转换器（转换物镜） 物镜（放大物像） （固定玻片标本）压片夹 通光孔（通过光线） 载物台（放置玻片标本） （提握镜身）镜臂 遮光器（调节光线强弱） （支撑镜身）镜柱 反光镜（使光线射入物镜） （支持镜身）镜座 【要求】请同学们两个人为一组，根据图片认识显微镜的结构及各结构的功能。 【活动】请同桌之间，一人指显微镜的结构，另一人说名称和作用，然后互换，并完成学案上的评价表。 【提问】显微镜中起放大物像作用的是目镜和物镜，请大家观察一下目镜和物镜的区别是什么呢？	小组合作，看图认结构。 同桌两人竞赛。 学生观察并回答问题。	通过图片观察、小组比赛，认识显微镜的结构及各结构的功能，增强学生学习兴趣，强化对显微镜结构的认识

续表

教学环节	教师活动	学生活动	设计意图
	【讲解】目镜和物镜的区别是目镜无螺纹，目镜越短放大倍数越大；物镜有螺纹，物镜越长放大倍数越大。那我们的显微镜能把标本放大多少倍呢？我们来看一下计算公式：放大倍数＝物镜放大倍数 × 目镜放大倍数。	学生听讲。	
	【练习】请大家继续计算以下几组显微镜的放大倍数	学生练习	
三、显微镜的使用方法	【讲解】我们了解了显微镜的结构，那我们应该怎样使用显微镜呢？我们就通过具体的实验来学习显微镜的使用吧。 【介绍】显微镜的使用方法。 1. 取镜和安放：将显微镜从镜箱中取出时，应一只手握住镜臂，另一只手托住镜座。镜臂靠近身体安放在实验台略偏左的位置，镜座距实验台边缘约 5 厘米。 2. 转动转换器：转动转换器，使低倍物镜对准通光孔。 3. 调节光线：选最大光圈对准通光孔，一只眼注视目镜内，双手移动反光镜，直至看到明亮的圆形视野为宜，并用遮光器调节光线强弱。 4. 安放玻片：将写有"e"的玻片标本正面插入压片夹后部的空隙处，用双手将玻片轻缓前推，使标本正对通光孔。 5. 调焦观察：双眼注视物镜，旋转粗准焦螺旋使镜筒缓慢下降，直至物镜接近玻片标本，再一只眼看向目镜内，旋转粗准焦螺旋，使镜筒缓慢上升，直至看到物像，再通过细准焦螺旋微调，使物像更加清晰。 6. 移动玻片：用双手的拇指和食指把住载玻片两端轻轻移动，使要观察的物体如"e"字移至视野中央。 【提问】当向左移动玻片标本时，物像向哪个方向移动？向下移动玻片标本时，物像向哪个方向移动？说明物像的移动方向与玻片标本的移动方向有什么关系？ 【活动】知道如何使用显微镜后，请同学们观察茎的横切面玻片标本，同桌一人完成全部操作过程，另一人监督，并完成评价表。 【提问】在观察中有同学反应看到视野中有污点，你是如何操作的？ 【讲解】污点可能出现的位置有玻片、目镜和物镜。观察时，可先移动玻片，若污点移动，则污点在玻片上；若污点不动，则转动目镜，若污点移动，则污点在目镜上，否则在物镜上。	学生按照指示进行操作。 根据实验观察并回答问题，完成学案。 同桌两人竞赛。 回答问题。	通过阅读、观察、亲手操作以及小组竞赛，掌握显微镜使用的具体步骤，引导学生正确地操作显微镜，并较快地找到清晰的物像，分析出显微镜的成像规律和移动规律

续表

教学环节	教师活动	学生活动	设计意图
	【提问】观察茎的横切面玻片标本，将低倍镜转换为高倍镜后，一行细胞的数量、大小和视野亮度有何变化？ 【讲解】放大倍数越大，细胞数量越少、个体越大，视野变暗 【讲解】最后，请大家将显微镜复原放回。规范的操作方法是取下玻片，放回原处；用纱布擦拭载物台、镜筒、反光镜等；转动转换器，使物镜朝向前方；转动反光镜，使其竖立中央；旋转粗准焦螺旋，使镜筒降到最低点；将显微镜放回原处	回答问题。 学生整理显微镜，将其放回原处	
四、总结	【提问】今天我们学习了什么内容呢？在显微镜使用过程中的注意事项是什么？ 【练习】完成学案练习题	学生总结回答。 做练习题	总结学习内容，加深印象

学习任务单

学习目标：

1. 能说出显微镜各部位的名称和作用。

2. 能正确地操作显微镜，并较快地找到清晰的物像。

3. 能分析出显微镜的成像规律和移动规律。

学习重点：能正确认识并操作显微镜。

学习难点：能正确认识并操作显微镜。

学习任务：

1. 显微镜的认识：

对照下图，认识显微镜的结构及各结构的功能。

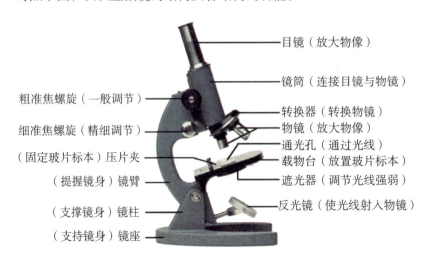

比一比：同桌一人指显微镜的结构，另一人说名称和作用，然后互换，并完成下面的评价表。

显微镜的认识评价表

名称	1 目镜	2 镜筒	3 粗准焦螺旋	4 细准焦螺旋	5 转换器	6 物镜	7 通光孔	8 载物台	9 遮光器	10 反光镜	11 镜座	12 镜臂	13 压片夹	14 镜柱	得分
对错															

（注：每个1分）

2.显微镜的使用

（1）取镜和安放：将显微镜从镜箱中取出时，应一只手握住镜臂，另一只手托住镜座。镜臂靠近身体安放在实验台略偏左的位置，镜座距实验台边缘约5厘米。

（2）转动转换器：转动转换器，使低倍物镜对准通光孔。

注意：不要用手掰镜头，更不要用手触摸镜头的镜片部分。

（3）调节光线：选最大光圈对准通光孔，一只眼注视目镜，双手移动反光镜，直至看到明亮的圆形视野为宜，并用遮光器调节光线强弱。

注意：反光镜不要对着强烈的直射光线；外界光源弱时，用凹面反光镜；光源强时用平面反光镜；观察时双眼睁开，不要只睁一只眼。

（4）安放玻片：将写有"e"的玻片标本正面插入压片夹后部的空隙处，用双手将玻片轻缓前推，使标本正对通光孔。

注意：不可硬掀压片夹；载物台要保持清洁。

（5）调焦观察：双眼注视物镜，旋转粗准焦螺旋使镜筒缓慢下降，直至物镜接近玻片，再一只眼看向目镜，旋转粗准焦螺旋，使镜筒缓慢上升，直至看到物像，再通过细准焦螺旋微调，使物像更加清晰。

注意：严防镜头接触玻片，以免压碎玻片，划伤镜头；发现镜头有污物影响观察时，应用专用擦镜纸擦拭。

（6）移动玻片：用双手的拇指和食指把住载玻片两端轻轻移动，使要观察的物体如"e"字移至视野中央。

试一试：当向左移动玻片标本时，物像____移动；向下移动玻片标本时，物像____移动，说明物像的移动方向与玻片标本的移动方向_____。

（7）观察玻片：

思考：

1. 你看到的物像为_____，放大倍数为_____。

2. 若视野中有污点，污点可能的位置有_____、_____、_____。判断污点位置的方法为_____

_____。

（8）复原放回：取下玻片，放回原处；用纱布擦拭载物台、镜筒、反光镜等；转动转换器，使物镜朝向前方；转动反光镜，使其竖立中央；旋转粗准焦螺旋，使镜筒降到最低点；将显微镜放回原处。

比一比：知道如何使用显微镜后，同桌一人完成全部操作过程，另一人监督，并完成下面的评价表。

显微镜的使用评价表

步骤	1 取镜和安放	2 转动转换器	3 调节光线	4 安放玻片	5 调焦观察	6 移动玻片	7 观察结果：物像清晰完整，并在视野正中央	8 复原放回	得分
对错									

（注：每步2分）

【学以致用】

1. 显微镜的正确使用步骤是（　　　　）。

①取镜和安放　②观察　③对光　④调粗准焦螺旋

⑤安放玻片标本　⑥调细准焦螺旋　⑦收镜

A. ①③②④⑥⑦⑤　　　　　　　B. ①③⑤④⑥②⑦

C. ①③②⑥④⑦⑤　　　　　　　D. ①③④②⑥⑤⑦

2. 使用显微镜观察玻片标本的过程中，对光、下降镜筒和上升镜筒时，眼睛应分别注视（　　　　）。

A. 反光镜、物镜、目镜　　　　　B. 物镜、目镜、物镜

C. 目镜、物镜、目镜　　　　　　D. 反光镜、物镜、物镜

3.请根据显微镜的结构及使用等相关知识回答下列问题。

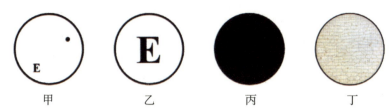

（1）要使视野从甲变为乙，应将玻片往_____方向移动到合适位置，再转动_____，使_____物镜对准通光孔。

（2）在视野中看到的物像是"E"，则在玻片上看到的字是_____。

（3）移动玻片和转动目镜，甲中污点均未动，说明污点在_____上。

（4）丙中视野太暗，为提高亮度，可以转动反光镜，选择_____面反光镜，或转动遮光器，使_____光圈对准通光孔。

（5）要使视野从丙变为丁，应转动_____螺旋。

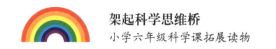

第三节　观察洋葱鳞片叶内表皮和外表皮

教学目标：

1. 学习制作临时装片。

2. 练习使用显微镜，观察洋葱鳞片叶内表皮和外表皮的结构。

3. 通过观察，了解植物细胞的基本结构。

教学重难点：

教学重点：学习制作临时装片。

教学难点：练习使用显微镜，观察洋葱鳞片叶内表皮和外表皮的结构。

教学过程：

教学环节	教师活动	学生活动	设计意图
一、引入新课	【回顾】生物体结构和功能的基本单位是细胞。 【提问】如果想要观察洋葱鳞片叶的细胞，该如何展开实验呢？借助什么工具？ 【讲解】我们可以借助显微镜展开观察，但是我们发现显微镜下的图像是暗黑的，在显微镜下观察的材料必须是薄而透明的，因此需要制作临时装片在显微镜下进行观察	思考并回答问题。 尝试观察	结合已学知识，引出本节课主题，激发学习兴趣
二、制作洋葱鳞片叶内表皮和外表皮的临时装片	【演示实验】 1.实验用具：载玻片、盖玻片、解剖器具一套、胶头滴管、滴瓶、碘液、吸水纸、棕色试剂瓶、脱脂纱布、擦镜纸、洋葱鳞片叶、清水。 2.临时装片制作步骤 （1）"擦"：用干净的纱布把载玻片和盖玻片擦拭干净。 （2）"滴"：把载玻片放在实验台上，用滴管在载玻片的中央滴一滴清水。 （3）"撕"：用解剖刀在洋葱鳞片叶内（外）表皮上划一个边长为5毫米的"#"字，用镊子从"#"字的一角撕取洋葱鳞片叶的内（外）表皮。 （4）"展"：把撕取的洋葱鳞片叶内（外）表皮放在载玻片中央的水滴中，用镊子和解剖针把水滴中的洋葱鳞片叶（外）表皮展平，不能有折叠。 （5）"盖"：用镊子夹起盖玻片，使盖玻片一侧的边缘先接触载玻片上的水滴，再轻轻斜放下，注意避免产生气泡。	了解临时装片的制作步骤。	通过演示临时装片的制作步骤，帮助学生强化制作要点，带领学生逐步完成制作，更直观地展示临时装片的制作细节

教学环节	教师活动	学生活动	设计意图
	（6）"染"：在盖玻片的一侧滴加碘液（外表皮不用染色）。 （7）"吸"：在滴加碘液的对侧用吸水纸吸引，重复 2~3 次，使碘液浸润标本的全部。 【要求】请同学们两人一组，一人制作内表皮临时装片，一人制作外表皮临时装片	按照学案步骤，结合老师的演示实验制作临时装片，注意实验细节	
三、观察洋葱鳞片叶内表皮和外表皮的细胞结构	【要求】接下来，请大家按照显微镜的操作步骤，分别使用低倍镜、高倍镜观察临时装片，看清物像后两人互换观察。 尝试将视野中的洋葱鳞片叶内表皮细胞和外表皮细胞各选其一，绘制在学案的方框内，同时按照植物细胞模式图，将洋葱鳞片叶细胞具有的结构名称标注在自己所画图的右侧。 【提问】为什么洋葱鳞片叶外表皮不用染色？ 【讲解】这是因为染色可以方便我们观察细胞的内部结构，而外表皮本就呈现紫色，因此不需要染色。 通过观察，我们能够看到洋葱鳞片叶的细胞排列紧密，在细胞最外层维持细胞形态的结构是细胞壁，紧贴着细胞壁的一层薄膜是细胞膜。我们在观察过程中可以发现，细胞中有一个球状结构被染色最深，这是洋葱鳞片叶细胞的细胞核。在细胞核和细胞膜之间的液体物质就是细胞质。 【提问】通过小组之间相互交换实验结果，同学们发现内表皮细胞没有颜色，外表皮细胞是紫色的，使鳞片叶外表皮呈现紫色的物质储存在细胞的什么结构中？ 【讲解】紫色的色素存在于细胞质中的液泡这一结构中。观察鳞片叶内表皮的细胞，细胞中比较明亮的部分就是液泡。 【图片】洋葱鳞片叶外表皮细胞失水皱缩的图片。 	认真理解观察目的，借助显微镜展开观察。 绘制观察结果并完成学案。 思考并回答问题。 思考并回答问题。 观察现象并思考	借助显微镜完成观察实验，强化显微镜的操作步骤，培养学生的科学探究兴趣。通过绘制观察结果和提问思考，认识洋葱鳞片叶细胞的结构，引发学生思考，培养学生善于探究的科学思维

续表

教学环节	教师活动	学生活动	设计意图
	【讲解】向洋葱鳞片叶外表皮临时装片滴加高浓度盐溶液后，可以观察到洋葱鳞片叶外表皮细胞内部皱缩，而细胞的外部形态却没有发生变化。这是由于细胞失水，细胞膜皱缩，与最外层的细胞壁分离。由此，我们可以观察到紧贴细胞壁的一层膜状结构，就是细胞膜。由于细胞薄膜紧贴细胞壁，所以细胞膜也具有保护作用		
四、植物细胞的基本结构	【提问】你能说说洋葱鳞片叶外表皮和内表皮在结构上有什么不同吗？把答案写在学案上。 【讲解】洋葱鳞片叶内表皮和外表皮都具有细胞壁、细胞膜、细胞核和细胞质，这些结构是植物细胞的基本结构	思考并回答问题	通过对两种细胞结构的横向对比，归纳细胞的基本结构，帮助学生形成知识网络
五、总结	【讲解】这节课我们通过制作临时装片观察洋葱鳞片叶内表皮和外表皮的细胞结构，认识了细胞中的各个部分的结构名称。同时巩固了显微镜的使用方法，下面请同学们结合这节课所学的内容完成学案"学以致用"的练习	总结所学，并完成学案	通过回顾本节课所学知识，提升学生的总结梳理能力

学习任务单

学习目标：

1.学习制作临时装片。

2.练习使用显微镜，观察洋葱鳞片叶内表皮和外表皮的结构。

3.通过观察，了解植物细胞的基本结构。

学习重点：学习制作临时装片。

学习难点：练习使用显微镜，观察洋葱鳞片叶内表皮和外表皮的结构。

学习任务：

1.制作洋葱鳞片叶内表皮和外表皮的临时装片（两人一组，一人制作内表皮，一人制作外表皮）

实验用具：

载玻片、盖玻片、解剖器具一套、胶头滴管、滴瓶、碘液、吸水纸、棕色试剂瓶、脱脂纱布、擦镜纸、洋葱鳞片叶、清水。

实验步骤：

（1）"擦"：用干净的纱布把载玻片和盖玻片擦拭干净。

（2）"滴"：把载玻片放在实验台上，用滴管在载玻片的中央滴一滴清水。

（3）"撕"：用解剖刀在洋葱鳞片叶内（外）表皮上划一个边长为5毫米的

"#"字，用镊子从"#"字的一角撕取洋葱鳞片叶的内（外）表皮。

（4）"展"：把撕取的洋葱鳞片叶内（外）表皮放在载玻片中央的水滴中，用镊子和解剖针把水滴中的洋葱鳞片叶内（外）表皮展平，不能有折叠。

（5）"盖"：用镊子夹起盖玻片，使盖玻片一侧的边缘先接触载玻片上的水滴，再轻轻斜放下，注意避免产生气泡。

（6）"染"：在盖玻片的一侧滴加碘液（外表皮不用染色）。

（7）"吸"：在滴加碘液的对侧用吸水纸吸引，重复2~3次，使碘液浸润标本的全部。

制作洋葱鳞片叶内表皮临时装片的步骤可简单总结为：

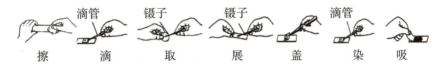

滴管		镊子		镊子		滴管	
擦	滴	取	展	盖	染	吸	

2.观察洋葱鳞片叶内（外）表皮细胞

（1）低倍镜观察：按照显微镜的操作步骤，将显微镜对好光后，将制好的临时装片放到载物台上，使要观察的材料放到通光孔的正中央。一只眼看物镜，转动粗准焦螺旋，使镜筒缓慢下降，让物镜接近玻片标本2~3毫米左右，然后一只眼向目镜内看，转动粗准焦螺旋，使镜筒缓缓上升，直到看清物像为止，再调细准焦螺旋，使物像更加清晰。

（2）高倍镜观察：看清物像后找到较好的物像移到视野的正中央，直接转动转换器，使高倍物镜对准通光孔，调节细准焦螺旋，使物像清晰。

（3）看清物像后两人互换观察。

3.观察结果

（1）尝试将视野中的洋葱鳞片叶内表皮细胞和外表皮细胞各选其一，绘制在方框内。

下图为植物细胞模式图，对照模式图，将洋葱鳞片叶细胞具有的结构名称标注在自己所画图的右侧。

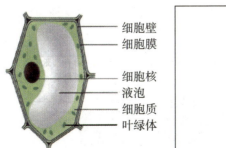

细胞壁
细胞膜
细胞核
液泡
细胞质
叶绿体

（2）分析思考

①制作洋葱鳞片叶外表皮细胞的临时装片不用染色的原因是_____。

②洋葱鳞片叶内表皮细胞中被染色较深的部位是_____。

③洋葱鳞片叶内表皮和外表皮细胞结构的相同点是都有_____，

不同点是_____。

④细胞壁位于细胞的最外侧，紧贴着细胞膜，对细胞具有_____作用。

【学以致用】

下图是洋葱鳞片叶内表皮细胞临时装片的制作过程及显微镜下所观察到的洋葱鳞片叶的内表皮细胞视野，请回答：

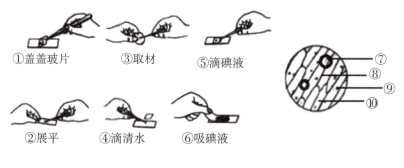

①盖盖玻片　　　③取材　　　⑤滴碘液

②展平　　　④滴清水　　　⑥吸碘液

甲　　　　　　　　　　乙

（1）观察图甲，制作洋葱鳞片叶内表皮细胞临时装片的制作过程的正确顺序是_____（填序号）。

（2）图乙中的⑦是_____，是图甲中步骤_____（填序号）的操作不当引起的。

（3）如果观察临时装片时，显微镜视野较暗，应选用_____（填"大光圈"或"小光圈"）。如果看到了物像，但不够清晰，应调节_____。

（4）滴加碘液后，被染色成深色的结构是图乙中的 [　]_____。

（5）下图是某同学在观察自己制作的洋葱鳞片叶内表皮临时装片时看到的几个视野，要使物像从视野①变为视野②的状态，应将装片向_____移动；要使物像从视野②变为视野③的状态，应转动_____。视野②中洋葱鳞片叶内表皮有部分重叠，是因为图甲中的步骤_____（填序号）操作不当。

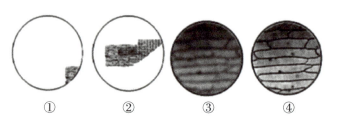

①　　　②　　　③　　　④

第四节　观察番茄果肉、果皮、筋络等结构

教学目标：

1.练习制作临时装片。

2.练习使用显微镜，观察番茄果皮、果肉和筋络细胞的结构。

3.通过观察，了解组织的特点及概念。

教学重难点：

教学重点：练习使用显微镜，观察番茄果皮、果肉和筋络细胞的结构。

教学难点：通过观察，了解组织的特点及概念。

教学过程：

教学环节	教师活动	学生活动	设计意图
一、引入新课	【引入】通过上节课的学习，我们已经认识了植物细胞的基本结构，我们又知道细胞是植物体结构和功能的基本单位，那么细胞是如何构成植物体的呢？ 【讲解】这节课我们一起观察番茄的结构，来认识细胞是如何构成植物体的	思考问题	结合已学知识，引出本节课主题，引发学生的深入思考，激发学生的学习兴趣
二、制作番茄果皮、果肉和筋络细胞的临时装片	【讲解】本节课提供的实验用具：载玻片、盖玻片、解剖器具一套、胶头滴管、滴瓶、吸水纸、纱布、擦镜纸、番茄、清水。 【讲解】请大家按照上节课所学的临时装片制作步骤分别制作番茄果皮、果肉和筋络细胞的临时装片，重点关注"取""展"的方法。 ①番茄果肉：用解剖针轻轻挑取成熟的番茄果肉少许，均匀涂在载玻片中央的水滴中并使其散开。 ②番茄果皮：用解剖刀在番茄果皮上划一个"#"（边长约0.5厘米），用镊子夹住其一角轻轻撕下，用解剖刀刮去果皮上的果肉，将果皮置于载玻片中央的水滴中。 ③番茄筋络：用解剖针轻轻挑取番茄内的一条筋络，涂在载玻片中央的水滴中并用镊子将其按压涂抹均匀。 【要求】下面，请同学们三人一组，分别制作临时装片	了解实验要求。 制作临时装片	复习临时装片的制作步骤，学习并动手制作番茄各部位细胞的临时装片并进行观察，强化学生的实验操作技能

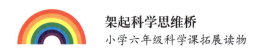

续表

教学环节	教师活动	学生活动	设计意图
三、观察番茄果肉、果皮和筋络细胞的结构	【要求】接下来，请大家按照显微镜的操作步骤，分别使用低倍镜、高倍镜观察临时装片，看清物像后小组互换观察。 【要求】尝试将视野中的番茄果肉细胞、果皮细胞和筋络中的细胞各选其一绘制出来，并标出结构名称	认真理解观察目的，借助显微镜展开观察。 绘制观察结果并完成学案	通过对植物体各部位细胞的直观观察和认识，为学生后续分析做准备
四、植物的组织	【提问】对比三种细胞的形态、排列和功能，你发现了哪些相同点和不同点？请大家完成学案上的表格。 【讲解】我们发现构成番茄不同结构的细胞形态和功能不同，但是构成同一结构的细胞形态相似，结构和功能相同，我们把由这样的细胞组成的细胞群称为组织。 【提问】请你结合生活实际，思考构成番茄果皮的细胞有什么功能？构成果肉和筋络的细胞又有什么功能？ 【讲解】番茄果皮具有保护的功能，构成番茄果皮的细胞群属于保护组织；果肉有制造并储存营养的功能，构成果肉的细胞群属于营养组织；筋络有运输营养物质的功能，构成筋络的细胞群属于输导组织。此外，构成植物体的组织还有起到支持作用的机械组织和具有很强分裂能力的分生组织	学生思考并完成学案。 结合生活实际，思考并回答问题	通过对比番茄不同结构的细胞形态、结构和功能的异同点，认识植物体的组织
五、植物体的结构层次	【讲解】番茄属于植物体的器官，由不同组织构成，整个植物体又由不同器官构成。 【提问】经过本节课的学习，你能说出细胞是如何构建植物体的吗？请同学们用文字、直线和箭头等符号梳理植物体的结构层次，完成学案	完成学案	通过直观的植物体结构层次概念图，帮助学生构建概念之间的联系

学习任务单

学习目标：

1. 练习制作临时装片。

2. 练习使用显微镜，观察番茄果皮、果肉和筋络细胞的结构。

3. 通过观察，了解组织的特点及概念。

学习重点：练习使用显微镜，观察番茄果皮、果肉和筋络细胞的结构。

学习难点：通过观察，了解组织的特点及概念。

学习任务：

1. 制作番茄果皮、果肉和筋络细胞的临时装片（三人一组，分开制作临时装片）

实验用具：

载玻片、盖玻片、解剖器具一套、胶头滴管、滴瓶、吸水纸、纱布、擦镜纸、番茄、清水。

实验步骤：

（1）"擦"：用干净的纱布把载玻片和盖玻片擦拭干净。

（2）"滴"：把载玻片放在实验台上，用滴管在载玻片的中央滴一滴清水。

（3）"取""展"：

①番茄果肉：用解剖针轻轻挑取成熟的番茄果肉少许，均匀涂在载玻片中央的水滴中并使其散开。

②番茄果皮：用解剖刀在番茄果皮上划一个"#"（边长约0.5厘米），用镊子夹住其一角轻轻撕下，用解剖刀刮去果皮上的果肉，将果皮置于载玻片中央的水滴中。

③番茄筋络：用解剖针轻轻挑取番茄内的一条筋络，涂在载玻片中央的水滴中并用镊子将其按压涂抹均匀。

（4）"盖"：用镊子夹起盖玻片，使盖玻片一侧的边缘先接触载玻片上的液滴，再轻轻地斜放下，避免产生气泡。

2. 将制作好的临时装片放在显微镜下观察

（1）低倍镜观察：按照显微镜的操作步骤，将显微镜对好光后，将制作好的临时装片放到载物台上，使要观察的材料位于通光孔的正中央。眼看物镜，转动粗准焦螺旋，使镜筒缓慢下降，让物镜接近玻片标本，然后左眼看目镜，反方向转动粗准焦螺旋，使镜筒缓缓上升，直到看清物像为止，再调节细准焦螺旋，使物像清晰。

（2）高倍镜观察：看清物像后找到较好的物像移到视野的正中央，直接转动转换器，使高倍物镜对准通光孔，调节细准焦螺旋，使物像清晰。

（3）看清物像后小组互换观察。

3. 观察结果

（1）尝试将视野中的番茄果肉细胞、果皮细胞和筋络中的细胞各选其一绘制出来，并标出结构名称。

（2）番茄果肉细胞、果皮细胞、筋络细胞结构的相同点是都有＿＿＿＿＿＿＿＿，不同点是＿＿＿＿＿＿＿＿。

（3）归纳番茄果肉细胞、果皮细胞、筋络细胞在形状、排列和功能方面的异同点，填在下面的表格中。

	果皮细胞	果肉细胞	筋络细胞
形状			
排列			
功能			

（4）形态相似，结构和功能相同的细胞组成的细胞群称为组织。植物的组织是按功能命名的，番茄果皮具有＿＿＿＿＿＿＿＿＿＿＿功能，构成番茄果皮的细胞群属于＿＿＿＿＿＿＿＿组织；果肉有＿＿＿＿＿＿＿＿功能，构成果肉的细胞群属于＿＿＿＿＿组织；筋络有＿＿＿＿＿功能，构成筋络的细胞群属于＿＿＿＿＿组织。

（5）请按从微观到宏观的顺序写出番茄的结构层次。

＿＿＿＿＿＿＿＿＿＿＿＿＿＿＿＿＿＿＿＿＿＿＿＿＿＿＿＿＿＿＿＿

【学以致用】

将番茄的果皮、果肉和其内的筋络制成临时装片放在显微镜下观察，看到的物像如图所示，据图回答：

A   B   C

（1）番茄果皮位于果实的最外面，显微镜下看到的物像应该是图＿＿＿＿＿＿（填字母）。

（2）番茄果肉细胞与洋葱鳞片叶外表皮细胞相比，最明显的区别是：细胞的＿＿＿＿＿＿不同、细胞内＿＿＿＿＿＿＿＿的颜色不同。

（3）具有运输营养物质功能的结构是图＿＿＿＿＿＿＿（填字母）。

第五节　观察人的口腔上皮细胞和动物的血细胞

教学目标：

1.学习制作临时装片和涂片。

2.练习使用显微镜，观察人的口腔上皮细胞和动物的血细胞。

3.通过观察，认识动物细胞的结构。

教学重难点：

教学重点：练习使用显微镜，观察人的口腔上皮细胞和动物的血细胞。

教学难点：通过观察，认识动物细胞的结构。

教学过程：

教学环节	教师活动	学生活动	设计意图
一、引入新课	【回顾】上节课我们认识了植物细胞的基本结构，那么动物的细胞和植物的细胞结构相同吗？动物细胞有哪些结构呢？ 【讲解】这节课我们以人的口腔上皮细胞和动物的血细胞为例，研究动物细胞的基本结构	思考问题	结合已学知识，引出本节课主题，激发学习兴趣
二、制作人的口腔上皮细胞临时装片和动物的血液涂片	【实验材料与用具】 材料：新鲜血液（鸡血或鸭血）。 用具：显微镜、载玻片、盖玻片、解剖器具一套、纱布、擦镜纸、稀释的碘液、棕瓶、胶头滴管、生理盐水、一头尖的牙签或棉签、食盐、一次性纸杯、50毫升量筒、柠檬酸钠。 【制作人的口腔上皮细胞临时装片步骤】 （1）擦拭载玻片和盖玻片。 （2）用盐水漱口，清洁口腔。 （3）用胶头滴管吸取0.9%的生理盐水，滴一滴在载玻片中央。 （4）用消毒牙签的钝端轻轻刮口腔内壁2~3次。 （5）将刮取物均匀涂到载玻片中央的生理盐水中，盖上盖玻片。 （6）用胶头滴管吸取少量稀释的碘液，在盖玻片的一端滴加，然后在另一端用吸水纸吸取，反复多次，直至染色。 【制作血液涂片步骤】 （1）在一支洁净的量筒内加入几滴5%的柠檬酸钠溶液。 （2）取新鲜的动物血液50毫升，注入量筒中，轻轻晃动量筒，使血液与柠檬酸钠溶液混合。	检查实验用具。 观察并学习制作步骤。	通过直观的图片和演示实验，展示临时装片和涂片的具体制作步骤

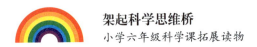

续表

教学环节	教师活动	学生活动	设计意图
	（3）擦拭载玻片和盖玻片。 （4）用胶头滴管吸取血液，置于载玻片中央。 （5）用镊子夹住盖玻片，将其一端置于血滴前方，向后移动到接触血滴，使血液均匀分散在盖玻片与载玻片的接触处。然后使盖玻片与载玻片之间的角度为30°～40°，向另一端平稳地推出。 （6）推片后，将载玻片迅速在空气中摇，使之自然干燥。 【要求】请同学们动手制作临时装片和涂片	制作临时装片和涂片	
三、观察人的口腔上皮细胞临时装片和动物的血液涂片	【观察方法】先用低倍镜观察细胞的形态，再将需要进一步放大观察的物像移到视野中央，转动转换器，使用高倍镜观察细胞的结构。 【要求】将观察结果绘制在学案上。 【讲解】观察过程中，我们可以看到人的口腔上皮细胞和动物的血细胞表面都有一层很薄的膜，为细胞膜，可以将细胞与外界环境分隔开；内部近似球形的结构是细胞核；位于细胞膜和细胞核之间的结构是细胞质。向临时装片滴加清水后我们看到细胞的形态发生了变化，这说明动物细胞没有可以支持细胞形态的细胞壁。 【讲解】在动物的血液涂片中，可以看到两种不同形态的血细胞。红细胞为两面凹的圆盘状，呈红色，成熟的红细胞没有细胞核；白细胞体积最大，有细胞核	学生展开观察实验。 完成学案。 学生倾听并思考	通过直观的实验观察，认识不同部位的动物细胞形态和结构，培养学生的科学探究意识
四、细胞的基本结构	【提问】对比动植物细胞的结构，动植物细胞有哪些异同？ 【讲解】通过观察，我们发现动物细胞都有细胞膜、细胞核和细胞质，并且动物不同部位的细胞形态结构不同。植物细胞和动物细胞都具有的结构是细胞膜、细胞核和细胞质，它们是细胞的基本结构。植物细胞具有而动物细胞不具有的结构是叶绿体、细胞壁、液泡。所以我们说细胞膜、细胞核和细胞质是细胞的基本结构	学生思考并回答问题	通过与所学知识进行横向对比，总结出细胞的基本结构，提高学生的科学思维能力
五、总结	【讲解】这节课我们观察了人的口腔上皮细胞临时装片和动物的血液涂片，并绘制了两种细胞的结构图，进而与植物细胞的结构进行对比，归纳出了细胞的基本结构：细胞膜、细胞质和细胞核	听讲	总结本节课所学内容，帮助学生梳理学习重点

学习任务单

学习目标：

1. 学习制作临时装片和涂片。

2. 练习使用显微镜，观察人的口腔上皮细胞和动物的血细胞。

3. 通过观察，认识动物细胞的结构。

学习重点：练习使用显微镜，观察人的口腔上皮细胞和动物的血细胞。

学习难点：通过观察，认识动物细胞的结构。

学习任务：

1. 制作人的口腔上皮细胞临时装片

实验材料与用具：

材料：新鲜血液（鸡血或鸭血）。

用具：显微镜、载玻片、盖玻片、解剖器具一套、纱布、擦镜纸、稀释的碘液、棕瓶、胶头滴管、生理盐水、一头尖的牙签或棉签、食盐、一次性纸杯、50毫升量筒、柠檬酸钠。

实验步骤：

（1）擦拭载玻片和盖玻片。

（2）用盐水漱口，清洁口腔。

（3）用胶头滴管吸取 0.9% 的生理盐水，滴一滴在载玻片中央。

（4）用消毒牙签的钝端轻轻刮口腔内壁 2~3 次。

（5）将刮取物均匀涂到载玻片中央的生理盐水中，盖上盖玻片。

（6）用胶头滴管吸取少量稀释的碘液，在盖玻片的一端滴加，然后在另一端用吸水纸吸取，反复多次，直至染色。

2. 制作血液涂片

（1）在一支洁净的量筒内加入几滴 5% 的柠檬酸钠溶液。

（2）取新鲜的动物血液 50 毫升，注入量筒中，轻轻晃动量筒，使血液与柠檬酸钠溶液混合。

（3）擦拭载玻片和盖玻片。

（4）用胶头滴管吸取血液，置于载玻片中央。

（5）用镊子夹住盖玻片，将其一端置于血滴前方，向后移动到接触血滴，使血液均匀分散在盖玻片与载玻片的接触处。然后使盖玻片与载玻片之间的角度为30°~40°，向另一端平稳地推出。

（6）推片后，将载玻片迅速在空气中摇，使之自然干燥。

3. 使用显微镜观察人的口腔上皮细胞临时装片和动物的血液涂片

先用低倍镜观察细胞的形态，再将需要进一步放大观察的物像移到视野中央，转动转换器，使用高倍镜观察细胞的结构。

4. 观察结果

尝试将视野中人的口腔上皮细胞和各种血细胞绘制出来。

（1）人的口腔上皮细胞和动物的血细胞表面都有一层很薄的膜，为_____，可以将细胞与外界环境分隔开；内部近似球形的结构是_____；位于细胞膜和细胞核之间的结构是_____。

（2）在动物的血液涂片中，可以看到两种不同形态的血细胞。红细胞为两面_____的圆盘状，呈_____色，_____细胞核；白细胞体积_____，_____细胞核。

【学以致用】

对比动植物细胞的结构，回答下列问题。

（1）动物细胞结构包括：_____、_____和_____。

（2）动物不同部位的细胞形态结构_____。

（3）植物细胞和动物细胞都具有的结构是_____、_____和_____，它们是细胞的基本结构。植物细胞具有而动物细胞不具有的结构是_____、_____、_____。

第六节　观察人体的四种基本组织

教学目标：

1. 观察人体基本组织的永久切片，认识人体的四种基本组织。

2. 能够描述同一种组织中细胞的共同特点，描述不同组织中细胞在形态上的不同之处。

3. 能够认识器官、系统，总结人体的结构层次。

教学重难点：

教学重点：认识人体的四种基本组织及特点。

教学难点：认识人体的四种基本组织及特点，总结人体的结构层次。

教学过程：

教学环节	教师活动	学生活动	设计意图
一、引入新课	【提问】我们知道植物体是由细胞构成的，那么构成人体的基本结构单位是什么？细胞是如何构成人体的呢？ 【讲解】展示图片。我们人类从一个受精卵开始，受精卵通过细胞分裂产生很多新细胞，这些细胞起初在形态、结构方面都很相似，并且都具有分裂能力。后来，除了一小部分细胞仍然保持着分裂能力外，大部分细胞的形态、结构和功能都发生了变化。在个体发育过程中，一个或一种细胞通过分裂产生的后代，在形态、结构和生理功能上发生差异性的变化，这个过程叫作细胞分化。细胞分化产生了不同的细胞群，每个细胞群都是由形态相似，结构和功能相同的细胞联合在一起形成的，这样的细胞群就叫作组织 	学生思考并回答问题。 学生听讲	通过提问引入新课，激发学生的学习兴趣
二、人体的四种基本组织	【讲解】人体有四种基本组织：上皮组织、结缔组织、肌肉组织、神经组织。 【要求】请同学们用显微镜分别观察人体上皮组织、结缔组织、肌肉组织和神经组织的永久切片，并思考该组织的结构有什么特点？该组织可能分布在什么位置？猜测这个组织的功能，并根据观察完成学案上的表格。	小组合作进行实验操作，完成学案。	

续表

教学环节	教师活动	学生活动	设计意图
	【要求】请各小组派代表分享本小组的观察结果。 【讲解】上皮组织一般分布在体内管腔内表面和人体皮肤的表面。它具有吸收、保护、分泌、排泄等功能。 【提问】上皮组织有何特点？ 【讲解】肌肉细胞呈纤维状，多附着在骨头上，我们把其称为骨骼肌。除了骨骼肌外，人体的心脏主要由心肌构成。人体动脉和静脉管壁、呼吸道、消化道等部位的肌肉组织主要为平滑肌，可通过收缩、舒张维持机体运动 【讲解】在我们的身体中分布最广泛的为结缔组织，如起支持和保护作用的骨组织、肌腱、起运输营养作用的血液。 【提问】结缔组织有何特点？ 【讲解】神经组织广泛分布于身体各处，能帮助人体感受各种刺激，产生并传导兴奋。 【总结】总结上皮组织、结缔组织、肌肉组织、神经组织的结构特点、分布位置及功能	学生汇报观察结果。 学生总结出细胞排列紧密、细胞间质少的特点。 学生总结出结缔组织的特点是细胞间隙大、细胞间质多	通过小组合作、观察，总结人体四种基本组织的结构特点、分布位置以及功能
三、认识器官	【图片】胃的解剖图。 【提问】胃壁这三层分别是由什么组织组成的呢？ 【讲解】通过胃壁的显微结构，我们可以看出在上皮细胞内还有黏膜，属于结缔组织，所以胃有上皮组织、肌肉组织和结缔组织。有时我们会感觉到胃疼、胃不舒服等，说明胃还有神经组织。 【讲解】这些组织按照一定的次序有机地结合起来，就形成了具有一定功能的结构，这个结构叫器官。 【图片】心脏、皮肤、肱二头肌等人体器官的图片。	学生观察图片，思考并回答问题。	通过对胃的解剖图的观察，明确器官的概念，并通过对多种器官的观察和判断，强化对器官、组织的区分以及对器官概念的理解

续表

教学环节	教师活动	学生活动	设计意图
	【提问】请大家观察图片，这些结构属于器官还是组织？ 【讲解】从图片中我们可以看出不同的器官是由不同组织构成的，构成的组织种类不同，排列次序不同，产生的功能也不同	学生思考并回答问题	
四、认识系统	【提问】人体生命活动是靠一个器官完成的吗？ 【讲解】我们以消化系统为例，消化系统是由哪几种器官组成的呢？这些器官按照一定的次序有机地结合在一起，能够共同完成特定的生理活动，我们把这种结构叫作系统。 【讲解】人体有八大系统，分别为消化系统、呼吸系统、循环系统、泌尿系统、神经系统、运动系统、内分泌系统、生殖系统。这八大系统相互联系，相互影响，共同作用，从而使人体内各种复杂的生命活动能正常进行	学生回答问题。 学生听讲	结合生活实际，认识系统的概念，并了解人体八大系统
五、人体的结构层次	【提问】通过学习我们了解了人体的结构组成，哪位同学能够仿照植物体的结构层次总结一下人体的结构层次？ 【讲解】人体的结构层次为细胞、组织、器官、系统、人体。 【思考】你怎样理解人体是一个统一的整体呢？ 【讲解】人体的不同系统分别承担着不同的生理功能，在神经系统等的调节下，这些系统相互联系和配合，各司其职，使人体成为一个统一的整体	学生思考并回答问题。 学生思考	引导学生总结人体的结构层次，明确人体是一个统一的整体

学习任务单

学习目标：

1. 观察人体基本组织的永久切片，认识人体的四种基本组织。

2. 能够描述同一种组织中细胞的共同特点，描述不同组织中细胞在形态上的不同之处。

3. 能够认识器官、系统，总结人体的结构层次。

学习重点：认识人体的四种基本组织及特点。

学习难点：认识人体的四种基本组织及特点，总结人体的结构层次。

学习任务：

1. 使用显微镜观察各种组织切片

用显微镜分别观察人体上皮组织、结缔组织、肌肉组织和神经组织的永久切片。

思考：该组织的结构有什么特点？该组织可能分布在什么位置？猜测这个组织的功能？并根据观察完成下面表格。

组织	结构特点	分布位置	功能
上皮组织			
肌肉组织			
结缔组织			
神经组织			

总结：同一组织的细胞形态＿＿＿＿＿＿，结构和功能＿＿＿＿＿＿。

结合各组织的功能说一说不同组织的细胞在形态、大小、排列等方面有何差异？

2.阅读文字并观察胃壁结构模式图，思考胃由哪些组织构成？

①黏膜层：胃壁最内层，有丰富的血管，呈红色，由一层柱状上皮细胞组成。

②黏膜下层：由疏松结缔组织和弹性纤维组成。

③肌层：包括三层不同方向的肌纤维。

④外膜：覆盖于胃表面的腹膜，形成各种胃的韧带，与邻近器官相连接，于胃大弯处形成大网膜。

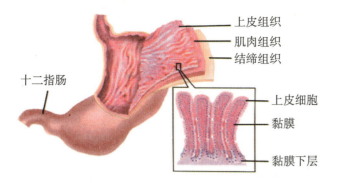

比一比：两人一组识别图中结构，答对一题得 2 分。

图片	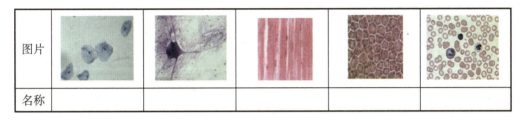
名称	

【学以致用】

1. 2014 年诺贝尔生理学或医学奖获得者发现了"大脑中的 GPS"——组成大脑定位系统的细胞，这些具有特殊功能的细胞被称为网格细胞，这些网格细胞共同构成（　　）。

A．上皮组织　　　　　　　　B．肌肉组织

C．神经组织　　　　　　　　D．结缔组织

2. 下列各图中，属于神经组织的是（　　）。

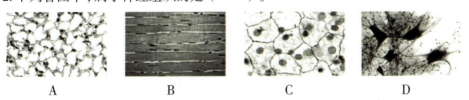

A　　　　　　B　　　　　　C　　　　　　D

3. 结缔组织是构成人体和动物体的一种主要组织，具有支持、营养、连接和保护等功能，下列各项中不属于结缔组织的是（　　）。

A．肌肉　　　　B．骨组织　　　　C．脂肪　　　　D．血液

第七节　观察草履虫

教学目标:

1. 练习制作临时装片。

2. 使用显微镜观察草履虫的形态、结构、运动、取食。

3. 通过实验探究草履虫的应激性，认同生物也可只由一个细胞构成。

教学重难点:

观察草履虫的形态、结构、运动、取食和应激性。

教学过程:

教学环节	教师活动	学生活动	设计意图
一、引入新课	【回顾】通过之前的学习，我们已经认识到了细胞是如何构成植物和动物这些生物体的。 【设问】一些微小的单细胞生物是如何生活的呢？它们具有怎样的结构呢？ 【讲解】这节课我们一起来观察单细胞生物——草履虫	思考问题	结合已学知识，引出本节课的主题，激发学习兴趣
二、制作草履虫临时装片	【制作步骤】 1.实验用具: 含有草履虫的培养液、清水、显微镜、镊子、培养皿、载玻片、盖玻片、胶头滴管、纱布、吸水纸、墨汁、牛肉汁、食盐、食醋、医用棉花。 2.临时装片制作步骤 （1）擦：用干净的纱布把载玻片和盖玻片擦拭干净。 （2）滴：用胶头滴管吸取少量含有履虫的培养液，滴一滴在洁净的载玻片中央。 （3）盖：用镊子夹起盖玻片，使它的一侧先接触载玻片上的水滴，然后缓缓放下。如果草履虫运动过快，不便观察，可以先在载玻片的培养液的液滴上放几丝棉花纤维，再盖上盖玻片。 （4）吸：用吸水纸从盖玻片的一侧吸引，将多余液体清理干净	检查实验材料和用具。 结合演示实验和学案制作临时装片	通过学习，掌握制作草履虫临时装片的方法，提升实验操作能力

教学环节	教师活动	学生活动	设计意图
三、观察草履虫的结构	【观察方法】将临时装片置于低倍镜下，找到草履虫，观察其形态和运动。在载玻片中央的草履虫培养液中滴加一滴墨汁，观察草履虫的取食过程。然后移动装片，将草履虫置于视野中央，转换高倍镜，观察草履虫的结构。 【实验要求】观察并在学案上画出草履虫的结构简图。 【提问】同学们观察到草履虫是如何运动的？又是如何消化食物的？ 【讲解】草履虫是靠纤毛的摆动来运动的，滴加墨汁后可以看到食物泡的形成。观察发现，食物泡在随细胞质流动的过程中，颜色逐渐变浅	学生观察。 绘制简图。 思考并回答问题	通过观察归纳草履虫各结构的功能，体会生物体结构与功能相适应的观点
四、探究草履虫的应激性	【实验步骤】 （1）用滴管在载玻片中央滴一滴含有草履虫的培养液，用另一支滴管在载玻片左侧滴一滴清水，再用另一支滴管在载玻片右侧滴一滴牛肉汁。用滴管轻轻地在草履虫培养液和牛肉汁、草履虫培养液和清水之间划一下，使两侧连通。将这一组实验记为①，观察并记录实验①中草履虫的运动现象。 （2）用滴管在载玻片中央滴一滴含有草履虫的培养液，用另一支滴管在载玻片左侧滴一滴清水，然后再用另一支滴管在载玻片右侧滴一滴盐水。使两侧液滴均与中间液滴连通。将这一组实验记为②，观察并记录实验②中草履虫的运动现象。 （3）用滴管在载玻片中央滴一滴含有草履虫的培养液，用另一支滴管在载玻片左端滴一滴清水，再用另一支滴管在载玻片右端滴一滴食醋。使两侧液滴均与中间液滴连通。将这一组实验记为③，观察并记录实验③中草履虫的运动现象。 【实验要求】 请同学们将实验结果记录在学案上，并回答问题。 【实验现象】草履虫向滴加牛肉汁一侧游动，远离有食盐和食醋的一侧。 【提问】结合同学们的实验现象，你总结出什么实验结论？ 【实验结论】草履虫具有趋利避害的特性，我们也称这种特性为应激性	展开实验。 记录实验现象，并回答问题。 归纳实验结论	通过完成探究实验，认识草履虫具有趋利避害的应激性。通过描述现象、归纳结论，提高学生语言表达的规范性，逐渐形成严谨的科学态度

续表

教学环节	教师活动	学生活动	设计意图
五、总结	【讲解】这节课我们通过观察，认识了草履虫的基本结构，发现草履虫能够独自完成运动、取食和消化等生命活动，此外，还了解了草履虫有趋利避害的特性，认识了单细胞生物也能够独立完成各种生命活动	归纳总结	归纳所学，巩固新知

学习任务单

学习目标：

1. 练习制作临时装片。

2. 使用显微镜观察草履虫的形态、结构、运动、取食。

3. 通过实验探究草履虫的应激性，认同生物也可只由一个细胞构成。

学习重难点：观察草履虫的形态、结构、运动、取食和应激性。

实验用具：

含有草履虫的培养液，清水，显微镜，镊子，培养皿，载玻片，盖玻片，胶头滴管，纱布，吸水纸，墨汁，牛肉汁，食盐，食醋，医用棉花。

学习任务：

1. 制作草履虫临时装片

（1）擦：用干净的纱布把载玻片和盖玻片擦拭干净。

（2）滴：用胶头滴管吸取少量含有草履虫的培养液，滴一滴在洁净的载玻片中央。

（3）盖：用镊子夹起盖玻片，使它的一侧先接触载玻片上的水滴，然后缓缓放下。如果草履虫运动过快，不便观察，可以先在载玻片的培养液的液滴上放几丝棉花纤维，再盖上盖玻片。

（4）吸：用吸水纸从盖玻片的一侧吸引，将多余液体清理干净。

2. 使用显微镜观察草履虫

将临时装片置于低倍镜下，找到草履虫，观察其形态和运动。在载玻片中央的草履虫培养液中滴加一滴墨汁，观察草履虫的取食过程。然后移动装片，将草履虫置于视野中央，转换高倍镜，观察草履虫的结构。

画出草履虫的结构简图。（注：图中比较暗的地方用铅笔细点来表示，越暗的地方细点越多，不能涂阴影表示暗处）

（1）草履虫是靠_____来运动的。

（2）滴加墨汁后可以看到食物泡的形成。观察发现，食物泡在随细胞质流动的过程中，颜色逐渐_____。

3. 探究草履虫的应激性

（1）用滴管在载玻片中央滴一滴含有草履虫的培养液，用另一支滴管在载玻片左侧滴一滴清水，再用另一支滴管在载玻片右侧滴一滴牛肉汁。用滴管轻轻地在草履虫培养液和牛肉汁、草履虫培养液和清水之间划一下，使两侧连通。将这一组实验记为①，观察并记录实验①中草履虫的运动现象。

（2）用滴管在载玻片中央滴一滴含有草履虫的培养液，用另一支滴管在载玻片左侧滴一滴清水，再用另一支滴管在载玻片右侧滴一滴盐水。使两侧液滴均与中间液滴连通。将这一组实验记为②，观察并记录实验②中草履虫的运动现象。

（3）用滴管在载玻片中央滴一滴含有草履虫的培养液，用另一支滴管在载玻片左侧滴一滴清水，再用另一支滴管在载玻片右侧滴一滴食醋。使两侧液滴均与中间液滴连通。将这一组实验记为③，观察并记录实验③中草履虫的运动现象。

描述滴加牛肉汁、食盐和食醋后草履虫的反应：

_____

【学以致用】

草履虫是一种生活在水域环境中的生物，主要以水中的细菌为食，图甲是草履虫结构模式图，图乙是显微镜结构图，请据图回答问题。

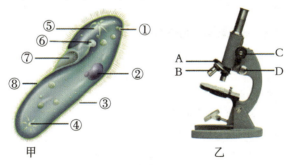

甲　　　　　　　　乙

（1）用显微镜观察发现，草履虫依靠【③】_____的摆动在水中旋前进。若想清晰地观察到草履虫的内部结构，需调节图乙中的 A 将低倍物镜转换为____，然后调节【D】_____，使物像更加清晰。

（2）在水中草履虫通过【⑦】_____吞食细菌后，会在体内形成【⑥】_____，⑥在随细胞质流动的过程中其内的营养物质会被_____。

（3）在草履虫临时装片的盖玻片一侧滴一滴稀释醋酸，发现草履虫接触到醋酸溶液后会迅速逃离，这说明_____。

第十章　种植豌豆

第一节　观察种子的结构

教学目标：

1. 通过使用工具解剖、观察种子，提升学生的实验操作能力和观察能力。

2. 使学生能够说出种子的基本结构和功能，区分单子叶植物和双子叶植物的种子。

教学重难点：

教学重点：说出种子的基本结构和功能，区分单子叶植物和双子叶植物的种子。

教学难点：使用工具解剖、观察单子叶植物和双子叶植物的种子。

教学过程：

教学环节	教师活动	学生活动	设计意图
一、引入新课	【图片】植物的生活史。【讲解】种子可以通过萌发、生长，发育成下一代新的植物体，那么一粒小小的种子是如何发育成新的植物体的呢？它的内部究竟有怎样的结构可以发育成新的植物体？我们这节课就来探究一下种子的结构	思考	通过和植物生活史引入新课，通过设问激发学生探究的欲望
二、解剖和观察双子叶植物的种子	【讲解】我们首先通过解剖来观察一下种子的结构。本节课为大家提供的实验材料是浸软的菜豆种子，实验工具有放大镜、解剖刀、镊子、解剖针、培养皿。【观察方法】大家在观察时要由外到内、由整体到局部，先观察种子的外部形态，再看内部结构。【观察外形】请大家先对比下培养皿中菜豆种子和玉米籽粒的外形，它们的外形一样吗？	小组合作观察菜豆种子的结构，并完成学案。	通过实验以及图片，观察双子叶植物菜豆的种子的结构，认识双子叶植物种子的结构特点，提升实验操作能力

教学环节	教师活动	学生活动	设计意图
	【观察结构】我们接下来观察菜豆种子的结构，来看看具体的解剖方法。请大家先拿起菜豆种子，在凹陷的一侧找到种孔和种脐，用手轻轻挤压会发现种孔有水排出，这是种子萌发时吸收水的部位。在观察结构时，大家用解剖刀从与种脐相对的一侧划开最外层的种皮，并慢慢掰开豆瓣，按照学案上"菜豆种子的结构模式图"辨认各部分的结构，观察各个结构之间是如何连接的。并将小组的观察结果填写在学案上。 【小组汇报】请各小组展示实验结果，介绍菜豆种子的结构	小组同学进行展示和介绍	
三、解剖和观察单子叶植物的种子	【观察要求】接下来是玉米籽粒。我们在观察玉米籽粒的结构时，需要将玉米籽粒放平，如图中所示，用解剖刀将玉米籽粒纵切，并在切面上滴一滴碘液，然后用放大镜观察玉米籽粒的纵切面，对照学案上"玉米籽粒的结构模式图"尝试辨认各部分结构。并将小组的观察结果填写在学案上。 【小组汇报】请各小组展示实验结果，介绍菜豆种子的结构	小组合作观察玉米种子的结构，并完成学案。 小组同学进行展示和介绍	通过实验以及图片，观察单子叶植物玉米的种子的结构，认识单子叶植物种子的结构特点，提升实验操作能力
四、比较菜豆种子和玉米籽粒的异同点	【提问】通过观察，说说菜豆种子和玉米籽粒有什么异同点？ 【总结】相同点是菜豆种子和玉米籽粒都有种皮、胚根、胚轴、胚芽和子叶，其中生物学上将胚根、胚轴、胚芽和子叶共同组成的结构叫胚。不同点是玉米籽粒有果皮、胚乳和一片叶，而菜豆种子无果皮、胚乳，有两片子叶。 【提问】观察玉米籽粒最外层为果皮和种皮，说明观察的玉米籽粒是玉米的种子吗？在玉米籽粒纵切面上滴加碘液后观察到什么现象？说明什么？ 【讲解】在玉米籽粒纵切面上滴加碘液后发现胚乳变蓝，说明胚乳中储存着营养物质。而生物学上，将种子有两片子叶的植物称为双子叶植物，将种子只有一片子叶的植物称为单子叶植物。 【图片】不同种子的结构示意图。 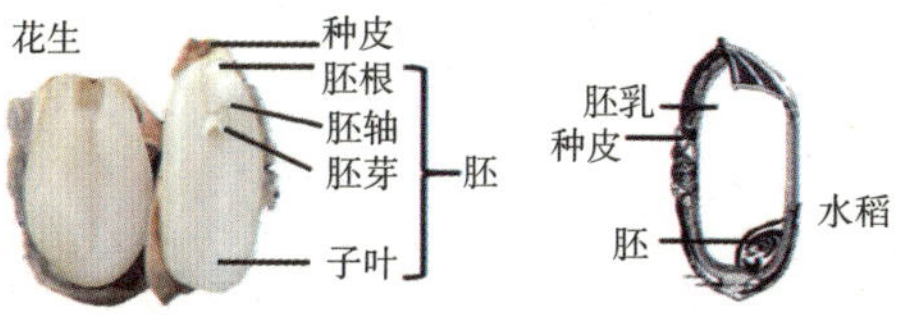 	学生回答问题。 学生回答问题。	通过比较菜豆种子和玉米籽粒的结构，总结单子叶植物和双子叶植物种子的异同点，提升归纳总结能力和比较分析能力

续表

教学环节	教师活动	学生活动	设计意图
	【提问】自然界中有各种各样形态的种子，我们再来看看其他植物种子的结构，大家发现种子的基本结构是什么？ 【讲解】种子的基本结构是种皮和胚，但有的单子叶植物还有储存营养物质的结构——胚乳	学生回答问题	
五、总结	【总结】我们这节课通过观察，认识了种子的结构，区分了单子叶植物和双子叶植物的种子。我们知道，种子萌发才能长成植株，那下节课我们就来探究种子萌发的条件。 【练习】请大家完成课后"学以致用"	 完成任务	进行课堂小结，完成练习，检测学习成果

学习任务单

学习目标：

1.通过使用工具解剖、观察种子，提升实验操作能力和观察能力。

2.能够说出种子的基本结构和功能，区分单子叶植物和双子叶植物的种子。

学习重点：说出种子的基本结构和功能，区分单子叶植物和双子叶植物的种子。

学习难点：使用工具解剖、观察单子叶植物和双子叶植物的种子。

学习任务：

1.解剖和观察双子叶植物的种子（菜豆、豌豆、蚕豆、芸豆、花生等）

实验用具：

浸软的双子叶植物种子（菜豆、豌豆、蚕豆、芸豆、花生等）、放大镜、解剖刀、镊子、培养皿。

实验步骤：

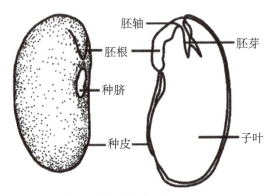

菜豆种子的结构模式图

（1）将浸软的菜豆种子置于培养皿中，先观察外形，对照菜豆种子的结构模式图，找到种脐。

思考：种子最外边的结构是_____，其功能是_____。种脐的功能是_____。

（2）用解剖刀划开种皮，用镊子将种皮撕去，露出的结构是_____。

（3）将合拢着的子叶打开，用放大镜观察，辨认菜豆种子的各部分结构。

菜豆种子中体积最大的是_____，有_____片，通过_____将其连在一起。推测其功能为_____。与胚轴相连，露在种皮外边的结构是_____，包在子叶之间的结构为_____。

（4）胚根、胚芽、胚轴、子叶四部分组成胚。

2. 解剖和观察单子叶植物的种子（玉米籽粒）

实验用具：

浸软的玉米籽粒、放大镜、解剖刀、镊子、培养皿、胶头滴管、碘液。

实验步骤：

玉米籽粒的结构模式图

（1）将浸软的玉米籽粒置于培养皿中，先观察外形。对照玉米籽粒的结构模式图，体积最大的部分为_____，推测其功能为_____；颜色较浅的部分为_____。

（2）用解剖刀按图中所示位置将玉米籽粒纵向剖开，用镊子撕取表皮，可以发现其表皮有_____层，紧贴在一起，不易分开，为_____。

在切面上滴一滴碘液，其中变成蓝色的部分是_____。用放大镜观察胚部分的结构，其中紧挨着胚乳的是_____，有_____片；中间部分为_____，其上端的锥形结构为_____，下端的为_____。

可见，玉米籽粒由_____、_____和_____三部分组成。其中最主要的部分是_____，_____是新植物的幼体。玉米籽粒实际上是玉米的果实。

3. 比较菜豆种子和玉米籽粒的异同点，完成下表。

种子	相同点	不同点
菜豆种子	都由_____和_____组成，胚又由_____、_____、_____、_____构成	子叶_____，_____胚乳，供胚发育的营养物质储存在_____里
玉米籽粒		子叶_____，_____胚乳，供胚发育的营养物质储存在_____里

【学以致用】

1. 与玉米籽粒相比，菜豆种子没有的结构是（　　　）。

A. 种皮 　　　　　　　　　　　B. 子叶

C. 胚乳 　　　　　　　　　　　D. 胚芽

2. 一粒种子能够长成一棵大树，主要是由于种子内有（　　　）。

A. 种皮 　　　　　　　　　　　B. 子叶

C. 胚乳 　　　　　　　　　　　D. 胚

3. 如图所示，甲为＿＿＿＿＿＿结构示意图，乙为＿＿＿＿＿＿结构示意图。

（1）＿＿＿＿＿＿组成胚，胚是种子的主要结构，也是新植物的＿＿＿＿＿＿。

（2）种子萌发时最先突破种皮的结构是 [　] ＿＿＿＿＿；将来能发育成茎和叶的结构是 [　] ＿＿＿＿＿。

（3）能为种子萌发提供营养物质的结构分别是 [　] ＿＿＿＿＿、[　] ＿＿＿＿＿。

（4）甲、乙两图中，结构 [5] ＿＿＿＿＿的区别是，甲有＿＿＿＿＿片，乙有＿＿＿＿＿片。

第二节 探究种子萌发的条件

教学目标：

1. 通过实验，探究种子萌发的条件，学习实验法的基本步骤。

2. 能够准确说出种子萌发的外界条件。

教学重难点：

教学重点：种子萌发的外界条件。

教学难点：通过实验，探究种子萌发的条件，学习实验法的基本步骤。

教学过程：

教学环节	教师活动	学生活动	设计意图
一、引入新课	【讲解】被子植物的一生，要经历生长、发育、繁殖、衰老和死亡的过程。植物的生长就是从种子的萌发开始的，但是种子却不一定萌发。种子的萌发需要适宜的环境条件，那么如何去设计实验探究种子萌发需要哪些环境条件呢	学生思考	通过问题引入新课，激发学生学习兴趣
二、设计实验	【提问】请大家结合生活实际思考，种子萌发需要哪些外界条件？ 【讲解】根据大家的假设，我们提供以下几种实验材料和工具：罐头瓶数个、标签、吸水纸、药匙、清水、豌豆数粒。 【要求】请大家以小组为单位，选定一个影响因素，尝试设计实验方案。设计时请大家思考以下几个问题： 1. 验证一个影响因素对豌豆种子萌发的影响需要几个罐头瓶？ 2. 每个罐头瓶中放多少粒种子？ 3. 如何在实验设计中保证其他因素不变？ 【要求】请各小组派代表汇报本小组的实验方案，其他小组的同学帮忙进行方案的修正	回答问题。 小组合作设计实验。 小组汇报实验方案，互相修正实验方案	通过小组讨论设计实验，学习实验法的基本步骤，提升合作交流与科学探究的能力
三、开展实验	【讲解】大家的实验方案都很棒！为了提高实验效率，我们将不同变量放置在一个实验中。 【要求】请大家按学案上的方案开展实验。	开展实验	通过亲自参与实验操作，提升小组合作交流与动手实验能力

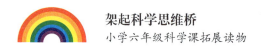

续表

教学环节	教师活动	学生活动	设计意图
	1. 在四个标签上分别写上 1、2、3、4 并分别贴在四个罐头瓶上。将这四个罐头瓶都放倒，每个瓶中放两张吸水纸。 2. 用药匙向 1 号瓶中放入 20 粒豌豆，拧紧瓶盖。 3. 分别向 2 号瓶和 3 号瓶中洒入等量的水，使吸水纸变潮湿（水不能太多，不能把纸浸在水中），向 4 号瓶中倒入较多的水，让种子完全浸没在水中。 4. 分别向 2、3、4 号瓶中放入 20 粒豌豆，然后拧紧瓶盖。 5. 将 1、2、4 号瓶放在实验室的橱柜中，将 3 号瓶放到冰箱里。 6. 过 5 天左右观察，统计种子的萌发情况。 【要求】请大家课下观察并记录实验现象		
四、分析实验	【提问】同学们的实验至少需要一周才能得出结论，老师这有提前做好的实验，请大家观察实验现象，分别对比 1、2 号；2、3 号和 2、4 号罐头瓶，看看能得出什么结论？ 【讲解】1 号和 2 号对比，说明种子的萌发需要适量的水分；2 号和 3 号对比，说明种子的萌发需要适宜的温度；2 号和 4 号对比，说明种子的萌发需要充足的空气。 【提问】1 号可以和 4 号对比吗？为什么？ 【讲解】1 号和 4 号不能对比，因为变量不唯一，不能形成对照实验。 【提问】那么根据分析，大家可以得出什么结论？ 【讲解】种子萌发需要的条件是适量的水分、适宜的温度和充足的空气。 【提问】外界条件适宜的情况下种子也没有全部萌发是为什么？ 【讲解】可见种子萌发不仅需要合适的外界条件，还需要种子自身发育成熟，具有结构完整的胚，不处于休眠期，且有活力	学生观察实验现象，得出实验结论。 回答问题。 回答问题。 回答问题	通过实验分析，明确种子萌发的外界条件和自身条件，提升实验分析能力和观察能力
五、总结	【总结】这节课，我们通过实验设计和分析知道了种子萌发需要的外界条件是适量的水分、适宜的温度和充足的空气；种子萌发的自身条件是有完整的、有活力的胚，不处于休眠期。那么，课下请大家继续自己的实验，看看大家的实验结果和老师的是否一致	明确课后要求	明确学习重点及课后观察任务，延续课堂教学，提升学生的学习兴趣

学习任务单

学习目标：

1. 通过实验，探究种子萌发的条件，学习实验法的基本步骤。

2. 准确说出种子萌发的外界条件。

学习重点：种子萌发的外界条件。

学习难点：通过实验，探究种子萌发的条件，学习实验法的基本步骤。

学习任务：

1. 提出问题

在什么条件下种子能够萌发呢？

2. 作出假设

种子萌发需要_____。

3. 实验材料和用具

罐头瓶数个、标签、吸水纸、药匙、清水、豌豆数粒。

4. 设计实验

思考问题：

（1）验证一个影响因素对豌豆种子萌发的影响需要几个罐头瓶？

（2）每个罐头瓶中放多少粒种子？

（3）如何在实验设计中保证其他因素不变？

将小组设计的实验方案写在下面的方框内。

5. 开展实验

（1）在四个标签上分别写上 1、2、3、4 并分别贴在四个罐头瓶上。将这四个罐头瓶都放倒，每个瓶中放两张吸水纸。

（2）用药匙在 1 号瓶中放入 20 粒豌豆，拧紧瓶盖。

（3）分别向 2 号瓶和 3 号瓶中洒入等量的水，使吸水纸变潮湿（水不能太多，不能把纸浸在水中），向 4 号瓶中倒入较多的水，让种子完全浸没在水中。

（4）分别向 2、3、4 号瓶中放入 20 粒豌豆，然后拧紧瓶盖。

架起科学思维桥

小学六年级科学课拓展读物

（5）将 1、2、4 号瓶放在实验室的橱柜中，将 3 号瓶放到冰箱里。

（6）过 5 天左右观察，统计种子的萌发情况。

6. 观察记录实验现象

罐头瓶编号	预测种子萌发状态	实际种子萌发状态
1		
2		
3		
4		

7. 思考

（1）1 号和 2 号对比，你能得出什么结论？

（2）2 号和 3 号对比，你能得出什么结论？

（3）2 号和 4 号对比，你能得出什么结论？

（4）1 号可以和 4 号对比吗？为什么？

8. 结论

种子萌发需要的外界条件是＿＿＿＿＿＿＿＿＿＿＿＿＿＿＿＿；需要的自身条件是

＿＿＿＿＿＿＿＿＿＿＿＿＿＿＿＿。

【学以致用】

1. 早春播种以后,农民常用"地膜覆盖"的方法促进出苗,其原因是(   )。

A. 保湿保温,有利萌发　　　　　B. 防止鸟类啄食种子

C. 种子的萌发需要避光　　　　　D. 防止大风大雨侵袭

2. 播种在水涝地里的种子很难萌发,这是因为缺少种子萌发所需要的(   )。

A. 水分　　　　　　　　　　B. 空气

C. 养料　　　　　　　　　　D. 温度

3. 种子萌发必要的外界条件包括(   )。

①适宜的温度　②适量的水分　③光　④土壤　⑤充足的空气　⑥肥料

A. ①②④　　　　　　　　　B. ①②⑤

C. ①②⑤⑥　　　　　　　　D. ①②③④⑤⑥

4. 在适宜的条件下,下列种子能够萌发的是(   )。

A. 去掉胚乳的玉米种子　　　　　B. 被虫蛀空了的水稻

C. 切去胚的小麦种子　　　　　　D. 籽粒饱满、完整的菜豆种子

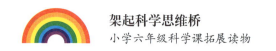

第三节　探究水和无机盐对豌豆生长发育的影响

教学目标：

1. 通过实验，让学生了解水和无机盐对豌豆生长发育的重要性。

2. 通过实验，提升学生的科学探究能力和实验分析能力。

教学重难点：

教学重点：了解水和无机盐对豌豆生长发育的重要性。

教学难点：提升科学探究能力和实验分析能力。

教学过程：

教学环节	教师活动	学生活动	设计意图
一、引入新课	【提问】上一节课大家探究了种子萌发的条件，现在种子萌发了，若想让豌豆顺利成长，我们还需要如何做？ 【讲解】和农民伯伯一样，在种植豌豆时，我们需要浇水、施肥。其中施肥主要是为了提供植物生长所需的无机盐，那么水和无机盐对豌豆的生长有什么影响呢	回答问题。 思考	联系前面所学，通过问题引入新课，激发学生的学习兴趣
二、探究水对豌豆生长发育的影响	【讲解】老师对两株生长状况相近的豌豆幼苗进行了不同的处理：一株正常浇水，使土壤保持湿润；另一株不浇水，使土壤干燥。观察一段时间后两株豌豆幼苗的生长情况。 【提问】两株豌豆幼苗的生长状况出现了什么差异？ 保持这样的处理，推测这两株豌豆幼苗的生长趋势可能有什么不同？ 【讲解】由此我们知道水能维持植物体的正常形态和生理功能。因此我们要按时按量为植物浇水。 【图片】不同植物和同一植物不同时期的需水量。 不同植物的需水量不同　　资料：小麦不同生长时期的需水量 返青期 21.9　拔节期 38.1　抽穗期 47.8　灌浆期 38.5 日均需水量（立方米/公顷）	回答问题。	通过实验分析、图片观察和生活实际，认同水对植物生长发育的影响，提升实验分析和观察总结能力

教学环节	教师活动	学生活动	设计意图
	【提问】通过图片你可以得出什么结论？ 【讲解】不同植物的需水量不同，同一植物在不同生长时期的需水量也不同。因此，在浇水时要根据作物的品种和生长期，适时适量的灌溉，即合理灌溉	回答问题	
三、探究无机盐对豌豆生长发育的影响	【讲解】那么植物生长发育是否需要无机盐？我们通过实验来探究一下。 为大家提供的实验用具有豌豆幼苗、酒精灯、玻璃瓶、载玻片、胶头滴管、三脚架、镊子、石棉网、火柴、棉花、土壤浸出液、蒸馏水。 【提问】我们先将载玻片平放在石棉网上。在载玻片的左侧和右侧分别滴一滴蒸馏水和土壤浸出液，用酒精灯烘烤，直至完全烘干，请问大家观察到什么现象？ 【讲解】载玻片上的蒸馏水与土壤浸出液被烘干后，滴蒸馏水的载玻片上没有留下任何物质，但滴土壤浸出液的载玻片上留下一些白色物质，这说明土壤浸出液中含有无机盐。 接下来，取两个玻璃瓶，分别标号 A 瓶、B 瓶。在 A 瓶中放入蒸馏水，B 瓶中放入等量的土壤浸出液。在 A 瓶与 B 瓶中，同时各放入一株健壮程度相近的豌豆幼苗。认真照看两株幼苗，及时补充蒸馏水或土壤浸出液，保持 A、B 两瓶液面高度相同。 【提问】A 瓶与 B 瓶的液体量为什么要相等？ 【讲解】避免 A、B 两玻璃瓶中液体量的差异对实验造成干扰。 【提问】A、B 两瓶中为什么要同时放入种类相同且健壮程度相近的植物幼苗？ 【讲解】避免植物的生长状况不同对实验造成干扰。在实验过程中，我们要注意控制单一变量，排除其他因素的干扰。 【提问】这是两周后的植株生长状况，请同学们观察，两株豌豆幼苗的生长状况是否相同？为什么？这说明了什么？ 【讲解】培养在土壤浸出液中的幼苗长度和重量的增加都明显大于培养在蒸馏水中的幼苗。说明植物的生长发育需要无机盐。 和浇水一样，不同植物对各种无机盐的需求量是不同的，同一植物在不同生长时期对无机盐的需求量也不同。因此也需根据作物的品种和生长期，适时适量的施肥，即合理施肥	观察现象，回答问题。 回答问题。 回答问题。 回答问题	通过实验分析、图片观察和生活实际，认同无机盐对植物生长发育的影响，提升实验分析和观察总结能力

续表

教学环节	教师活动	学生活动	设计意图
四、总结	【总结】通过学习，我们知道植物的生长需要水和无机盐，那么植物生长需要哪些种类的无机盐，这些无机盐又有什么作用呢？请大家课后查找资料，为豌豆种植提供合理的建议，保证植株的正常生长	听讲，明确任务	通过总结课程重点，明确学习任务，引导学生将知识应用到生活实际中

学习任务单

学习目标：

1. 通过实验，了解水和无机盐对豌豆生长发育的重要性。

2. 通过实验，提升科学探究能力和实验分析能力。

学习重点：了解水和无机盐对豌豆生长发育的重要性。

学习难点：提升科学探究能力和实验分析能力。

学习任务：

1. 探究水对豌豆生长发育的影响

实验用具：

生长状况相近的豌豆幼苗、清水。

实验步骤：

对两株生长状况相近的豌豆幼苗进行不同的处理：一株正常浇水，使土壤保持湿润；另一株不浇水，使土壤干燥。一段时间后，观察两株豌豆幼苗的生长状况。

观察实验结果：

（1）两株豌豆幼苗的生长状况出现了什么差异？

（2）保持这样的处理，推测两株豌豆幼苗的生长趋势可能有什么不同？

2. 探究无机盐对豌豆生长发育的影响

实验用具：

豌豆幼苗、酒精灯、玻璃瓶、载玻片、胶头滴管、三脚架、镊子、石棉网、火柴、棉花、土壤浸出液、蒸馏水。

实验步骤：

（1）将载玻片平放在石棉网上。在载玻片的左侧和右侧分别滴一滴蒸馏水和土壤浸出液，用酒精灯烘烤，直至完全烘干，观察现象。

（2）取两个玻璃瓶，分别标号 A 瓶、B 瓶。

（3）在 A 瓶中放入蒸馏水，B 瓶中放入等量的土壤浸出液。

（4）在 A 瓶与 B 瓶中，同时各放入一株健壮程度相近的豌豆幼苗。

（5）认真照看两株幼苗，及时补充蒸馏水或土壤浸出液，保持 A、B 两瓶液面高度相同。两周后观察植株生长状况。

观察实验结果：

（1）载玻片上的蒸馏水与土壤浸出液被烘干后，出现什么不同的现象？

（2）两周后，两株豌豆幼苗的生长状况是否相同？为什么？这说明了什么？

（3）A 瓶与 B 瓶中的液体量为什么要相等？

（4）A、B 两瓶中为什么要同时放入种类相同且健壮程度相近的植物幼苗？

【学以致用】

1. 请查阅资料，了解植物生长需要哪些种类的无机盐，这些无机盐又有什么作用呢？

2. 请你用今天所学的知识，为农业种植提出一些建议，来保证植株的正常生长。

第十一章　认识化学

第一节　化学使世界变得更加绚丽多彩（第一课时）

教学目标：

1. 知识与技能

通过具体事例，让学生了解化学的发展史。

2. 过程与方法

（1）通过小魔术激发学生对化学的兴趣，根据学生已有的生活经验，说一说化学在衣、食、住、行等方面的作用，让学生逐步形成善于发现和总结的好习惯。

（2）通过介绍化学发展史，让学生了解化学从古至今的重要作用。

3. 情感态度与价值观

体会化学与人类进步及社会发展的密切关系，激发学生亲近化学、热爱化学并渴望了解化学的情感，产生对化学的好奇心和学习欲望。

教学过程：

教学环节	教师活动	学生活动	设计意图
一、魔术引入	【演示实验】小魔术："白酒"变"葡萄酒"，"葡萄酒"变"白酒"，"白酒"变"汽水"	学生观看	通过小魔术，激发学生学习化学的兴趣
二、讨论身边跟化学有关的内容	请同学们根据已有的生活经验，说一说你身边跟化学有关的衣、食、住、行等方面的内容	学生讨论，积极发言	培养学生善于发现、总结的好习惯
	【教师讲解】对学生的回答给予肯定和表扬，从生活中的衣食住行四个方面，介绍化学起到的重要作用。	学生聆听，积极思考。	激发学生亲近化学、热爱化学并渴望了解化学的情感。

教学环节	教师活动	学生活动	设计意图
	【提出问题】化学对我们生活的各个方面都有着重要的作用，那么什么是化学呢	学生思考，结合自己的生活经验和老师所讲的四个方面谈谈对化学的理解	通过老师的问题，让学生根据所学内容产生思维的碰撞
三、介绍化学发展史	【教师讲解】想要知道什么是化学，我们就要先了解化学的发展史。分别向学生从以下五个方面介绍化学发展史。 1. 远古的工艺化学时期 陶瓷、酿酒、炼铁、造纸、火药、司母戊鼎、青铜车马、秦朝陶俑、冶金、印刷等。 汉代造纸工艺流程图 2. 医药化学时期 chemistry→化学，alchemy→炼金术，chemist→化学家、药剂师。 3. 燃素化学时期 介绍燃素说，介绍著名的化学家波义耳及他的观点。波义耳强调：①化学的真正基础是实验；②实验和观察的方法是形成科学思想的基础；③化学必须依靠实验来确定自己的基本定律。 4. 近代化学时期 重点向学生介绍著名化学家拉瓦锡及初中化学中的重要实验——空气中氧气含量的测定、门捷列夫和元素周期表。	学生倾听并思考	通过从古到今的具体事例，体会化学与人类生活以及社会发展的密切联系，认识到化学学习的价值及重要意义

续表

教学环节	教师活动	学生活动	设计意图
	5. 现代化学时期 展示扫描隧道显微镜的图片，以及扫描隧道显微镜下观察到的苯分子的图案。通过移动原子的事例，说明人类现在已经可以控制分子和原子了 		
四、总结	【提出问题】请同学们根据本节课所学到的内容，说一说化学学科的特点，化学是研究什么的	学生积极讨论并回答问题	培养学生的思维、表达和总结能力，激发学生学习化学的兴趣

学习任务单

学习目标：

1. 了解化学发展史。

2. 了解化学从古到今与人类生活以及社会发展的密切联系，认识到学习化学的价值及重要意义。

学习重难点：

化学发展史。

学习任务：

1.请同学们根据已有的生活经验，说一说你身边跟化学有关的衣、食、住、行四个方面的内容。

衣：_____。

食：_____。

住：_____。

行：_____。

2.化学发展史简介

（1）远古的工艺化学时期、医药化学时期

我国古代在化学发展方面的贡献

我国古代四大发明中的两项化学成就是_____、_____。

（2）燃素化学时期

波义耳强调：化学的真正基础是_____；_____是形成科学思想的基础；化学必须依靠_____来确定自己的基本定律。

（3）近代化学时期

拉瓦锡通过实验，得出了空气由_____和_____组成，其中_____约占空气总体积的五分之一的结论。

曲颈甑
玻璃钟罩
汞槽
火炉

1869年，门捷列夫发现了元素周期律，并编制出_____，使化学的研究变得有规律可循。

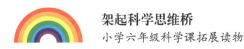

元 素 周 期 表

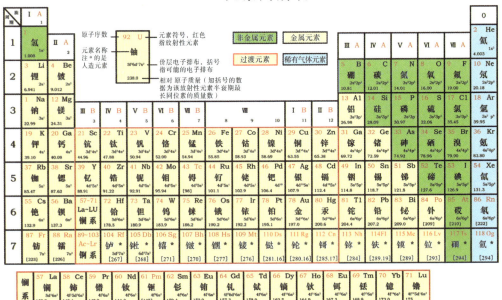

（4）现代化学时期

现代化学仪器：扫描隧道显微镜

绿色化学的提出使化学生产工艺和产品向着_____的方向发展。

第二节　化学使世界变得更加绚丽多彩（第二课时）

教学目标：

1.知识与技能

让学生知道化学是在分子、原子层次上，研究物质的组成、结构、性质以及变化规律的科学，了解化学的学科特点。

2.过程与方法

（1）通过展示宇宙、银河系、太阳系、地球、土壤、动物、细胞、分子、原子的图片，让学生从已知的宏观物质逐步认识到宏观物质由更小的粒子——分子和原子构成。

（2）通过具体实例，让学生知道化学不仅要研究自然界已经存在的物质，还要研究和创造自然界不存在的新物质。

3.情感态度与价值观

体会化学与人类生活以及社会发展的密切关系，知道化学能使世界变得更加绚丽多彩，培养学生热爱化学的情感。

教学过程：

教学环节	教师活动	学生活动	设计意图
一、引入	【教师讲解】上节课，我们讲了化学从古至今的发展史，通过扫描隧道显微镜，我们可以观察到分子和原子的图像，那么物质内部具有怎样的结构呢	学生倾听、思考	让学生通过扫描隧道显微镜，了解物质是有内部结构的
二、介绍物质的内部结构，揭示宏观的物质世界与微观的微粒世界间的关系	【教师讲解】通过宇宙→银河系→太阳系→地球→土壤→动物→细胞→分子→原子的图片展示，同学们想一想，宏观的物质世界与微观的微粒世界有什么关系呢？①英国科学家道尔顿提出了原子学说，认为原子是不可分割的实心球体。②意大利科学家阿伏加德罗提出了分子学说	学生思考讨论并回答：宏观的物质世界是由微观的粒子构成的	从学生知道的宏观物质，一点一点地缩小到看不见的细胞，近而认识分子和原子。逐步建立宏观物质与微观粒子之间的关系
三、总结化学的概念	【教师讲解】结合以上两位科学家的理论，以水为例，说明化学是在分子和原子层次上，研究物质的组成、结构、性质以及变化规律的科学	学生倾听、思考	以水为例，让学生了解什么是化学

续表

教学环节	教师活动	学生活动	设计意图
四、化学不仅要研究自然界已经存在的物质，还要研究和创造自然界不存在的新物质	【教师讲解】①"不怕烫的小猫"——具有绝热性能的高分子材料。②小鸟能生活在鱼缸里——隔水透气的高分子薄膜。③通过化学方法制造出来的尼龙绳。④现代科学技术在航天器的外壳中的应用。⑤生物化学的发展，人工器官的研制。⑥光导纤维。⑦记忆合金。⑧在医学巨著《本草纲目》中记载了许多的化学鉴定的实验方法。⑨我国科学工作者在世界上首次用人工方法合成了一种具有生物活性的蛋白质，叫结晶牛胰岛素。⑩我国还人工合成了许多复杂的有机物，如叶绿素、血红素、维生素 B12 等	学生倾听	通过具体实例，让学生知道化学不仅要研究自然界已经存在的物质，还要研究和创造自然界不存在的新物质。知道学好化学的重要性，了解到化学可以使人类的生活变得更加美好
五、总结我们身边的化学，怎样学好化学	【提出问题】根据两节课所学的内容，请同学们说一说，化学都在哪些方面起到了重要的作用呢？ 【教师讲解】借用中国科学院院士、化学家卢嘉锡的话告诉学生怎么学好化学。 化学家的"元素组成"就是"C3H3"： Clear Head 清醒的头脑 Clever Hands 灵巧的双手 Clean Habit 整洁的习惯	学生回答：化学在材料、医药、营养、环境等方面都有着重要的作用	培养学生总结和表达的能力，同时让学生了解学好化学可以造福人类生活，可以使世界变得更加绚丽多彩

学习任务单

学习目标：

1. 知道化学是在分子、原子层次上，研究物质的组成、结构、性质以及变化规律的科学，了解化学的学科特点。

2. 知道化学不仅要研究自然界已经存在的物质，还要研究和创造自然界不存在的新物质。

学习重点：

知道化学不仅要研究自然界已经存在的物质，还要研究和创造自然界不存在的新物质。

学习难点：

了解什么是化学。

学习任务：

1. 化学发展史

（1）远古的工艺化学时期

（2）医药化学时期

（3）燃素化学时期

（4）近代化学时期

（5）现代化学时期

扫描隧道显微镜　　　　　　扫描隧道显微镜下的苯分子

2. 物质内部具有怎样的结构？

（1）宏观的物质世界 → 微观的微粒世界

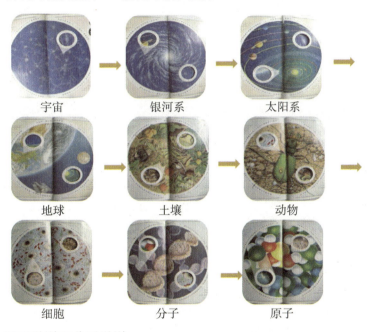

宇宙　　　　　银河系　　　　　太阳系

地球　　　　　土壤　　　　　动物

细胞　　　　　分子　　　　　原子

（2）原子学说和分子学说

道尔顿　英国科学家　　　　　阿伏加德罗　意大利科学家

3. 什么是化学？

化学是在_____层次上，研究物质的_____、_____、_____以及_____的科学。

第十二章　走进化学实验室

第一节　认识实验室常用的仪器及药品的取用

教学目标：

1. 知识与技能

让学生认识一些常用的仪器和药品，掌握药品的取用方法。

2. 过程与方法

（1）通过展示图片和实验仪器，让学生认识实验室常用的仪器。

（2）通过演示，让学生掌握固体和液体药品的取用方法。

3. 情感态度与价值观

让学生知道严谨的态度、规范的操作是实验成功的基本保障，能遵守实验室的规则，初步养成良好的实验习惯。

教学过程：

教学环节	教师活动	学生活动	设计意图
一、介绍北京市中小学实验室规则	向同学们介绍北京市中小学实验室规则和常见的危险品标志	学生倾听	让学生了解化学实验室的规则，强调要注意安全
二、图片和实物展示化学实验室常见的仪器	利用图片和实物共同展示实验室常见的仪器：试管、烧杯、量筒、集气瓶、酒精灯、试管夹、铁架台、胶头滴管、漏斗、长颈漏斗、分液漏斗、锥形瓶、玻璃棒	学生观察、倾听	通过展示图片和实验仪器，让学生认识实验室常用的仪器及其用途
三、化学药品的取用	化学实验室里所用的化学药品，很多是易燃、易爆、有腐蚀性或有毒的。为保证安全，实验前要仔细阅读药品的取用规则	请学生朗读药品的取用规则： 1. 不用手接触药品，不要把鼻孔凑到容器口去闻药品的气味，不得尝任何药品的味道。	通过内容和图片相结合的方式，让学生了解实验室药品的取用规则，初步养成良好的实验习惯

续表

教学环节	教师活动	学生活动	设计意图
		2. 注意节约药品。应该严格按照实验规定的用量取用药品。若没有说明用量，一般应该按最少量取用：液体 1~2 毫升，固体只需盖满试管底部即可。 3. 实验剩余药品既不能放回原瓶，也不要随意丢弃，更不要拿出实验室，要放入指定的容器内	
	1. 固体药品的取用 【教师讲解】固体药品通常保存在广口瓶里，取用固体药品一般用药匙，有些块状的药品可用镊子夹取。 （1）粉末状固体药品的取用 【演示】粉末状固体药品的取用方法：一斜二送三直立。 （2）块状固体药品的取用 【演示】块状固体药品的取用方法：一横二放三慢竖	学生倾听并观看老师的演示。 分别请两名学生模仿老师，取用粉末状固体药品和块状固体药品	通过演示和练习，让学生掌握固体药品的取用方法
	2. 液体药品的取用 【教师讲解】液体药品通常盛放在细口瓶里。 【演示】（1）倾倒法（大量液体） 注意事项：①瓶塞要倒放。②标签向手心。③瓶口要紧挨。④使用完试剂瓶放回原处，标签向外。	学生倾听并观看老师的演示。 分别请两名学生模仿老师，用倾倒法取用液体药品。	通过演示和练习，让学生掌握液体药品的取用方法

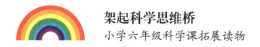
续表

教学环节	教师活动	学生活动	设计意图
	【演示】（2）滴加法（少量液体） 注意事项：①使用滴管时，滴管不能伸入容器内，也不能接触容器内壁，应垂直悬空于容器口正上方。②取液后的滴管应保持橡胶帽在上，不要平放或倒放。③用过的滴管要立即用清水冲洗干净（滴瓶上的滴管不用冲洗）。 【演示】（3）量取固定体积的液体——量筒、胶头滴管 注意事项：①量筒必须放平。②视线要与量筒内液体凹液面的最底处保持水平	学生倾听并观看老师的演示。 分别请两名学生模仿老师，用滴加法取用液体药品。 学生倾听并观看老师的演示。 分别请两名学生模仿老师，用量筒量取一定量的液体药品	

学习任务单

学习目标：

1. 了解实验室规则。

2. 认识一些常用的仪器，掌握药品的取用方法。

学习重点：

认识常用的实验仪器，掌握固体和液体药品的取用方法。

学习难点：

认识常用的实验仪器以及它们的用途。

学习任务：

一、认识实验室常用的仪器

仪器	名称	用途	注意事项

二、药品的取用

1. 原则

（1）"三不"原则：_____。

（2）节约原则：_____。

（3）剩余药品的处理原则：_____。

2. 固体、液体的取用

（1）固体药品的取用（固体药品通常保存在_____中）

①取用密度大或块状的固体："一横二放三慢竖"

块状或密度大的金属颗粒可用_____夹取。

②取用粉末状固体："一斜二送三直立"

小颗粒或粉末状药品应用_____或纸槽取用。

往试管里送入
固体粉末

药匙　　　　　　　　　　　纸槽

如果没有说明用量，应取_____，固体_____为宜；液体取_____毫升。

（2）液体药品的取用（液体药品通常盛放在_____里）

①取多量——倾倒法

【注意】

瓶塞：_____；标签：_____；

瓶口：_____；倒完：_____。

②取少量——滴加法

【注意】

胶头滴管：_____。

③取定量——用量筒

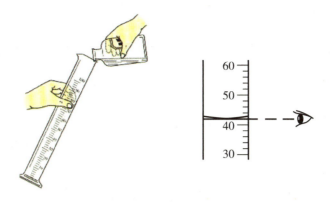

【注意】

量筒放在＿＿＿＿＿＿＿＿＿＿＿＿＿，先倾倒，＿＿＿＿＿＿＿＿＿＿＿＿＿＿＿，
读数时使视线与量筒内液体凹液面的最低处保持水平。

第二节 给物质加热、仪器的连接与洗涤

教学目标：

1. 知识与技能

（1）让学生知道化学实验是进行科学探究的重要手段，知道严谨的科学态度、正确的操作方法和实验原理是保证实验成功的关键。

（2）让学生掌握给物质加热、连接和洗涤仪器等基本实验操作。

2. 过程与方法

（1）通过几个简单的化学实验操作，加深学生对已学基本概念的理解和认识。

（2）通过演示实验和学生实验，培养学生的观察能力和动手能力。

3. 情感态度与价值观

（1）培养学生严谨的科学态度。

（2）使学生初步养成良好的实验习惯。

教学过程：

教学环节	教师活动	学生活动	设计意图
一、给物质加热	【情境导入】在家做饭时，有的用液化气加热，有的用电饭锅加热，有的用电磁炉加热，还有的用木棒、秸秆等给物质加热…… 【过渡】在化学实验室中用什么仪器给物质加热呢？ 	学生思考，回答问题。 学生回答：酒精灯。	情境引入，激发学习兴趣。

教学环节	教师活动	学生活动	设计意图
	【提问】酒精灯使用前，第一步应该做什么工作？ 【教师讲解】酒精灯的注意事项和使用方法。 酒精 【提问】用酒精灯加热时，又应该注意哪些事项	学生思考，回答问题。 讨论交流，归纳总结。 学生思考，回答问题	通过教师引导、酒精灯实物展示，使学生归纳概括出用酒精灯加热时的注意事项
	【提问】1. 如何给试管中的液体加热？ 2. 如何给试管中的固体加热	学生思考，回答： 1. 试管内液体的体积不能超过试管容积的三分之一。 2. 试管与桌面成45°角，试管口不能对着自己和有人的方向。 给固体加热时，试管口应略向下倾斜（思考为什么）	通过教师引导，演示操作，让学生理解正确操作的合理性和必要性
二、仪器的连接	【提问】1. 正确连接实验装置是进行化学实验的重要环节。在化学实验中连接仪器应注意哪些问题？ 2. 仪器连接好之后，能直接使用吗？若装置漏气，能否提前预防？	学生自主阅读教材，归纳概括组装仪器一般按从下到上、从左到右的顺序进行。拆卸仪器时，一般先拆开各仪器间的连接导管，然后由右到左、由上到下依次拆卸。	培养学生阅读资料，归纳概括的能力。

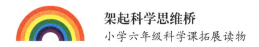
续表

教学环节	教师活动	学生活动	设计意图
	3. 如何检查装置气密性呢？ 如图连接仪器后，将导管末端浸入水中，然后用手握住试管外壁，若导管末端有气泡产生，则说明装置气密性良好。 【教师讲解】如果没有气泡产生，要仔细找原因，如是否应塞紧或更换橡胶塞，直至装置不漏气才能进行实验	学生讨论交流	教师演示实验，让学生明白检验装置气密性的原理，以便在理解的基础上进行记忆
三、仪器的洗涤	【过渡】实验室的玻璃仪器用完之后该如何洗涤呢？请同学们结合问题，思考答案。 【提问】1. 玻璃仪器的洗涤方法是怎样的？ 2. 若玻璃仪器上有难溶性的物质应如何洗涤？ 3. 玻璃仪器洗涤干净的标准是什么？ 4. 仪器洗涤完之后，应如何放置	学生思考并回答。 学生进行实验，洗涤玻璃仪器并判断是否洗净，洗净后放到指定位置	通过生活经验，理解仪器洗涤的方法，通过动手实验，感受化学实验的乐趣
四、当堂小测	【小试牛刀】 1. 下列仪器中，不能作为反应容器的是（　　）。 A. 试管　B. 集气瓶　C. 量筒　D. 烧杯 2. 下列仪器中，能直接用酒精灯加热的是（　　）。 A. 试管　B. 量筒　　C. 烧杯　D. 集气瓶	学生思考，选出答案	巩固本节课所学知识，在学习化学初期，建立起学习化学的信心，增强学习动力

学习任务单

学习目标:

1.知道化学实验是进行科学探究的重要手段,知道严谨的科学态度、正确的操作方法和实验原理是保证实验成功的关键。

2.掌握给物质加热、连接和洗涤仪器等基本实验操作,培养观察能力和动手能力。

3.通过观看教师演示和实际动手操作,培养严谨的科学态度,初步养成良好的实验习惯。

学习重点:

掌握基本的化学实验操作。

学习难点:

装置气密性的检验。

学习任务:

一、物质的加热

1.酒精灯的使用方法

(1)检查:灯芯_____,酒精的量_____。

(2)点灯:酒精灯火焰可分为_____、_____、_____。_____温度最低,_____温度最高,所以加热时应用_____加热。

(3)灭灯:

【注意】

①添加酒精不能超过酒精灯容积的_____;且要用_____添加。

②禁止向_____的酒精灯里添加酒精,以免_____。

③点灯:用_____,禁止_____,以免_____。

④灭灯:用_____,禁止_____,以免_____。

⑤不要碰倒酒精灯。若酒精洒在桌面上燃烧起来,要用_____扑盖。

2.给物质加热

(1)给固体加热(试管、坩埚、燃烧匙)

①必须用酒精灯的_____(填"内焰""外焰"或"焰心")加热。

②_____对管壁有水珠的试管加热，以免_____。

③加热的试管_____立即用冷水冲洗，以免_____。

④给试管中的固体物质加热时，试管口_____倾斜，防止_____。且加热前要_____热；再将灯的外焰固定在_____的部位加热。

（2）给液体加热

给试管里药品加热时应先使试管均匀受热（即先预热，其操作是来回移动酒精灯或移动试管），然后对准药品所在部分加热。

【注意】

①给固体加热时，一般试管口应略_____倾斜。

②给液体加热，应使试管倾斜，跟桌面大约成_____角，且试管内液体不能超过试管容积的_____，试管口不准对着有人的地方。

③给物质加热时，应用试管夹夹住该试管的_____，放在外焰上。

二、仪器的连接

检查装置气密性的方法：

连接仪器后，将_____浸入水中，然后用手_____，若导管末端_____，则说明装置气密性良好。

三、玻璃仪器的洗涤

洗涤干净的标准是仪器内壁附着的水既不_____，也不_____。

【小试牛刀】

1. 下列仪器中，不能作为反应容器的是（　　）。

A. 试管　　　B. 集气瓶　　　C. 量筒　　　D. 烧杯

2. 下列仪器中，能直接用酒精灯加热的是（　　）。

A. 试管　　　B. 量筒　　　C. 烧杯　　　D. 集气瓶

第十三章　观察与发现

第一节　奇妙的变化——物理变化

教学目标：

1. 知识与技能

让学生了解物理变化的概念，并能运用概念判断一些典型的变化。

2. 过程与方法

（1）通过观看和分析身边物质的常见变化，实现对概念的认识和转变。

（2）通过物质变化的相关实验，初步学习观察和描述实验现象的方法，感受化学实验基本操作。

3. 情感态度与价值观

（1）通过对生活中常见的物理变化的分析和判断，感受化学与生活的密切联系。

（2）通过进行实验操作和分析，体会化学实验在化学学习中的重要性。

（3）通过化学实验，培养以客观事实为依据作出判断的科学态度。

教学过程：

教学环节	教师活动	学生活动	设计意图
一、魔术引入	【演示实验】课前准备，取两张同样大小的白纸，在白纸1上用无色的酚酞溶液写上两个大字"化学"，晾干。课上，用喷壶向白纸2上喷氢氧化钠溶液，无变化，接着再向白纸1上喷氢氧化钠溶液，这时白纸1上出现两个红色的大字"化学"。学生很惊讶。【引入】同学们，为什么会发生这样的变化呢？这就是我们今天要讲的内容：物质的变化	欣赏魔术	魔术引入，激发学习兴趣
二、观察实验的一般方法	【方法指导】1.观察对比：实验前的物质和实验后的物质。主要观察颜色、状态、气味、水溶性等。2.实验过程中：是否有发光、放热、变色、产生气体、产生沉淀、发出声音等现象。	聆听、理解、记忆，学习观察化学实验的一般方法或者步骤。	化学是以实验为基础的一门学科，掌握观察化学实验的一般方法是走进化学世界的重要方法。

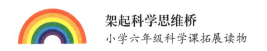

续表

教学环节	教师活动	学生活动	设计意图
	3.思考产生现象的原因,得出结论。 (或分析实验失败的原因) 【教师演示】闻气味时的正确操作 	观看教师演示,学习实验室闻药品气味的正确操作	教师演示,学生学习,感受学习化学的乐趣
三、物理变化	【演示实验】 | 实验序号	变化前的物质	变化时发生的现象	变化后的物质	变化后有无新物质生成 | |---|---|---|---|---| |(1)| | | | | |(2)| | | | | 【任务单】1.请学生仔细观察实验,并按照观察化学实验的一般方法描述实验现象。 2.判断变化后有无新物质生成	认真观察教师演示的实验,正确描述实验现象。 思考并判断变化后有无新物质生成	通过教师演示实验,让学生学习描述实验现象的方法,学以致用
	【讲解】物理变化 1.定义:没有生成其他物质的变化。 2.主要表现:只是物质的形态、状态发生了变化	学生聆听、思考、归纳总结	培养学生归纳概括的能力,为后面学习化学变化做铺垫
四、学以致用	说一说:生活中常见的物理变化的现象	学生说一说生活中的物理变化的现象。课后完成作业	学以致用,巩固本节课的重点知识

学习任务单

学习目标:

1.了解物理变化的概念,并能运用物理变化的概念判断一些典型的变化。

2.通过观察和分析身边物质的常见变化,实现对物理变化的概念的认识和转变。

3.通过物质变化的相关实验,初步学习观察和描述实验现象的方法,感受化学实验基本操作。

4.通过对生活中常见的物理变化的分析和判断,感受化学与生活的密切联系。

5.通过进行实验操作和分析,体会化学实验在化学学习中的重要性。

6.通过化学实验,培养以客观事实为依据作出判断的科学态度。

学习重难点：

1. 了解物理变化的概念。

2. 学习观察实验现象的方法。

学习任务：

【方法指导】

做化学实验，应重点观察试剂的颜色、状态、气味等在实验前后发生的变化，并思考。

实验记录：

实验	变化前的物质	变化时发生的现象	变化后的物质	变化后有无新物质生成
1. 水的沸腾	液态的水			
2. 胆矾的研碎	块状的胆矾			

物理变化

1. 概念：_____。

2. 主要表现：_____。

3. 日常生活实例：_____。

物理性质包含：_____。

说一说：生活中常见的物理变化的现象。

第二节　奇妙的变化——化学变化

教学目标：

1. 知识与技能

让学生了解化学变化的概念，知道物理变化和化学变化的区别，并能运用概念判断一些典型的变化。

2. 过程与方法

（1）通过观看和分析身边物质的常见变化，实现对概念的认识和转变。

（2）通过物质变化的相关实验，初步学习观察和描述实验现象的方法，再次感受化学实验基本操作。

3. 情感态度与价值观

（1）通过对生活中常见的物理变化和化学变化的分析和判断，感受化学与生活的密切联系。

（2）通过进行实验操作和分析，体会化学实验在化学学习中的重要性。

（3）通过化学实验，培养以客观事实为依据作出判断的科学态度。

教学过程：

教学环节	教师活动	学生活动	设计意图
一、知识巩固	【知识回顾】下列现象哪些是物理变化？为什么？ （1）潮湿的衣服经太阳晒后变干了。 （2）铜在潮湿的空气中生成铜绿。 （3）纸张燃烧。 （4）瓷碗破碎。 （5）铁生锈。 （6）石蜡熔化。 （7）寒冷的冬天在玻璃窗前哈气，玻璃上出现一层水雾。 （8）下雪天把一团雪放在温暖的房间里，雪融化。 【引入】同学们会发现有的变化中产生了其他的物质，这就是我们今天要讲的内容：物质变化的另一种方式——化学变化	通过知识回顾，发现不同，有些变化中产生了其他物质	让学生在判断的过程中，自主发现物质的变化不只有物理变化，还存在另外一种方式

教学环节	教师活动	学生活动	设计意图
二、化学变化	【复习回顾】观察化学实验的一般方法。 【演示实验】 澄清的石灰水 【任务单】1.请学生仔细观察演示实验，准确描述实验现象。 2.判断变化后有无新物质生成。 【讲解】化学变化 1.定义：生成其他物质的变化。 2.主要表现：生成新物质常表现为颜色改变、放出气体、生成沉淀等，能量的变化常表现为吸热、放热、发光等。 3.特征：生成新的物质，而且还伴随着能量的变化。 【提问】1.物理变化和化学变化的区别是什么？ 2.判断化学变化和物理变化的主要依据是什么	再次学习观察化学实验的一般方法或者步骤，填写学案。 聆听，归纳总结化学变化的定义、主要表现和特征。 思考并回答问题	反复练习观察化学实验的一般方法，为后续复杂化学反应的学习做铺垫。 通过小组交流讨论，加深学生对物理变化和化学变化的理解
三、物质性质	【活动】请同学们描述身边常见的化学物质：水、氧气、铁。 【提示】1.从颜色、气味、状态、硬度、物质的溶解性、能否燃烧、是否易生锈等方面进行介绍。 2.将上述性质进行归类。 【提问】哪些性质是通过化学变化表现出来的？哪些性质是通过物理变化表现出来的	结合生活经验，描述水、氧气、铁。 思考并对上述性质进行归纳	通过身边常见的化学物质，引导学生描述物质的性质，并对物质性质进行分类
四、课堂小结，当堂小测	【课堂小结】通过这两节课的学习，请你说说学到了哪些知识？ 【小试牛刀】 1.物理变化与化学变化的本质区别是（　　）。 A.有无颜色变化　B.有无新物质生成 C.有无气体生成　D.有无发光、放热现象 **2.**下列成语中，一定包含化学变化的是(　　)。 A.木已成舟　　　B.花香四溢 C.蜡炬成灰　　　D.滴水成冰 3.下列事例哪些是物理变化，哪些是化学变化？并简单说明判断理由。 ①石蜡熔化　②纸张燃烧　③酒精挥发　④潮湿的衣服被晒干了　⑤水变成水蒸气　⑥石灰石遇到盐酸后生成二氧化碳和水　⑦煤气燃烧	学生交流所学的物质变化和物质性质的知识。 思考，给出答案	培养学生归纳、概括的能力。 学以致用，检测掌握程度

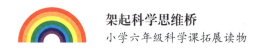

学习任务单

学习目标：

1.了解化学变化的概念，知道物理变化和化学变化的区别，并能运用概念判断一些典型的变化。

2.通过观察和分析身边物质的常见变化，实现对概念的认识和转变。

3.通过物质变化的相关实验，初步学习观察和描述实验现象的方法，感受化学实验基本操作。

4.通过对生活中常见的物理变化和化学变化的分析和判断，感受化学与生活的密切联系。

5.通过进行实验操作和分析，体会化学实验在化学学习中的重要性。

6.通过化学实验，培养以客观事实为依据作出判断的科学态度。

学习重点：

1.了解物理变化和化学变化的概念。

2.学习观察实验现象的方法。

学习难点：

认识化学变化的本质特征。

学习任务：

【方法指导】

做化学实验，应重点观察试剂的颜色、状态、气味等在实验前后发生的变化，并思考。

实验记录：

实验	变化前的物质	变化时发生的现象	变化后的物质	变化后有无新物质生成
氢氧化钠溶液与硫酸铜溶液反应	蓝色的硫酸铜溶液			
石灰石与盐酸的反应	块状石灰石			

物质的变化——物理变化和化学变化。

物质的变化	物理变化	化学变化
概念		
主要表现		
本质区别		
日常生活实例		
相互关系		

化学变化

1. 概念：_____。

2. 化学性质包含：_____。

【小试牛刀】

1. 物理变化与化学变化的本质区别是（　　　）。

A. 有无颜色变化　　　　　B. 有无新物质生成

C. 有无气体生成　　　　　D. 有无发光、放热现象

2. 下列成语中，一定包含化学变化的是（　　　）。

A. 木已成舟　　　　　　　B. 花香四溢

C. 蜡炬成灰　　　　　　　D. 滴水成冰

3. 下列事例哪些是物理变化，哪些是化学变化？并简单说明判断理由。

①石蜡熔化　　②纸张燃烧　　③酒精挥发　　④潮湿的衣服被晒干了

⑤水变成水蒸气　　⑥石灰石遇到盐酸后生成二氧化碳和水　　⑦煤气燃烧

第三节　氧气

教学目标：

1.知识与技能

（1）认识氧气的物理性质和化学性质。

（2）初步认识物质的性质和用途之间的关系。

（3）认识氧气能与许多物质发生化学反应，氧气的化学性质比较活泼。

2.过程与方法

通过探究氧气化学性质的过程，初步学习运用观察、实验等方法获取信息，运用比较、分类、归纳和概括等方法对获取的信息进行加工，能用文字和化学语言表述有关化学信息。

3.情感态度与价值观

通过学习氧气的化学性质，初步形成研究物质的一般思路和方法。

教学过程：

教学环节	教师活动	学生活动	设计意图
一、引入主题	空气是一种无色、无味的气态混合物。那么氧气是否也具有相似的物理性质呢？ 【小资料】压强为101千帕时，氧气在-183℃时为淡蓝色液体，在-218℃时为淡蓝色雪花状固体。 【图片展示】水下的世界。 说明氧气不易溶于水	学生回答：是的，氧气是无色、无味的气体。 学生通过小资料了解氧气的其他物理性质	通过空气引入主题，让学生猜想氧气的颜色、状态和气味。 利用水下的世界的图片，让学生了解氧气的溶解性
	如何验证一瓶气体是否是氧气？ 【小资料】氧气可使带火星的木条复燃（即氧气能支持燃烧）	学生思考并回答：可以将带火星的木条伸入集气瓶中，观察木条是否复燃	让学生初步学会检验物质的方法

教学环节	教师活动	学生活动	设计意图
二、氧气与碳、硫、磷、铁、镁的反应	物质的燃烧离不开氧气的支持。 【图片展示】生活中利用燃烧的图片。 【教师讲解】物质的化学性质是通过化学变化表现出来的，研究物质的化学性质首先要研究物质的反应。氧气能与哪些物质反应呢？ 【提出问题】在点燃的条件下，物质与氧气发生了什么变化	学生倾听、思考。 学生猜想：物理变化、化学变化	通过问题的设计，让学生在本节课完成一个小探究。初步体会探究的基本过程：提出问题—猜想—设计实验—进行实验—观察现象—得出结论。 通过探究氧气化学性质的过程，初步学习运用观察、实验等方法获取信息，运用比较、分类、归纳和概括等方法对获取的信息进行加工，能用文字和化学语言表述有关化学信息。
	【教师提示】请同学们设计实验，验证你们的猜想。 【演示实验】碳在氧气中燃烧，将澄清石灰水倒入集气瓶中。 【实验结论】木炭在点燃条件下可与氧气发生化学反应	学生设计实验。 学生观看教师演示实验并描述实验现象，写出反应的文字表达式	
	【视频播放】硫在氧气中燃烧	学生观看视频并描述实验现象，写出反应的文字表达式	
	请同学们根据以上两个实验总结一下物质与氧气发生的是什么变化	实验结论：物质与氧气发生了化学变化	通过对氧气的学习，初步形成研究物质的一般思路和方法
	很多可以与氧气反应的物质，并不是在纯氧中才能反应，例如木炭和硫在空气中就可以与氧气反应。那么，这些物质是与空气中的哪种成分发生了反应呢？ 【演示实验】碳在空气中燃烧，将澄清石灰水倒入集气瓶中。 【视频播放】硫在空气中燃烧	学生观察现象，并得出结论：物质实际上是与空气中的氧气发生了化学反应	
	【演示实验】磷分别在空气和氧气中燃烧。 铁丝分别在空气和氧气中燃烧。 镁条分别在空气和氧气中燃烧	学生观察现象并写出反应的文字表达式	
	【提出问题】物质在空气中燃烧和在氧气中燃烧相比，哪个更剧烈	学生回答：物质在氧气中比在空气中燃烧更剧烈	

架起科学思维桥

小学六年级科学课拓展读物

续表

教学环节	教师活动	学生活动	设计意图
三、总结	请同学们根据今天所学，对氧气的化学性质进行总结	氧气能与很多物质发生化学反应，氧气的化学性质比较活泼	培养学生的总结和表达能力

学习任务单

学习目标：

1.认识氧气的物理性质和化学性质。

2.认识氧气能与许多物质发生化学反应，氧气的化学性质比较活泼。

学习重点：

氧气与碳、硫、磷、铁、镁的反应。

学习难点：

探究氧气化学性质的过程。

学习任务：

1.氧气的物理性质

颜色：_____；状态：_____；气味：_____；溶解性：_____。

2.如何检验一瓶气体是氧气？

_____

3.氧气的性质实验

（1）木炭在空气、氧气中燃烧

现象：木炭在空气中燃烧发出微弱的_____，在氧气中燃烧发出_____，放出_____，生成了_____的气体。

文字表达式：_____。

（2）硫在空气、氧气中燃烧

现象：硫在空气中燃烧发出_____的火焰，在氧气中燃烧发出_____的火焰，放出_____，生成了_____的气体。

文字表达式：_____。

（3）铁丝在空气、氧气中燃烧

现象：铁丝在空气中_____，在氧气中_____，放出_____，生成_____。

文字表达式：_____。

（4）红磷在空气、氧气中燃烧

现象：红磷在空气、氧气中燃烧产生_____，放出_____。

文字表达式：_____。

（5）镁条在空气、氧气中燃烧

现象：镁条在空气、氧气中燃烧发出_____，放出_____，生成_____。

文字表达式：_____。

总结：氧气的化学性质比较_____（填"活泼"或"不活泼"）。

第四节　物质燃烧的条件

教学目标：

1. 知识与技能

（1）认识燃烧的条件。

（2）能利用物质燃烧的条件解释日常生活中的燃烧的现象。

2. 过程与方法

（1）引导学生根据所提出的问题，结合已有生活经验与所学知识，设计实验方案并验证。

（2）通过对实验现象的观察、分析、归纳，让学生亲身体会知识的获取过程与方法。

3. 情感态度与价值观

（1）正确地认识燃烧，促进学生形成只有深入了解燃烧才能更好地为人类造福的意识。

（2）通过探究"燃烧的条件"，形成勤于思考、勇于探索的精神。

（3）通过对实验的分析，培养学生的创新精神和环保意识。

教学过程：

教学环节	教师活动	学生活动	设计意图
一、"魔术"引入主题	【演示实验】烧不坏的手帕。 【提出问题】什么是燃烧？手帕在火中为什么没有被烧掉？燃烧需要哪些条件	观看演示实验并思考，得到燃烧的概念	引入主题，激发学习兴趣
二、探究燃烧的条件	我们每天的生活都离不开燃烧，那么大家知道燃烧是如何发生的吗？燃烧需要哪些条件？大家通过实验来验证	学生讨论回答。 学生倾听，记录	通过学生实验，使学生概括出燃烧的条件
三、实验验证	实验1： 老师的实验百宝箱：判断哪些物质能燃烧。 木条　玻璃棒　蜡烛　煤块 石头　木炭	学生思考。 学生提出猜想后分组实验。 学生动手实验、观察实验并记录现象。	培养学生科学探究精神。 培养学生分析问题、解决问题的能力

教学环节	教师活动	学生活动	设计意图
	实验2： 	思考、讨论、回答。 记录笔记。 学生讨论回答	
四、分析 归纳	【分析】对比分析视频中的白磷与红磷，为什么铜片上的白磷能燃烧，而铜片上的红磷与水中的白磷却不能燃烧？同时引入着火点的概念	观看视频。 描述现象，并练习描述实验的方法。 归纳总结	培养学生对于问题结论性语言的归纳
五、总结 板书	【教师总结】水中的白磷在通入氧气的条件下也能够燃烧。我们分析的这个实验及我们所做的实验都能充分说明物质燃烧需要的条件。 【板书】燃烧的条件 1.可燃物。 2.达到可燃物的着火点。(简单介绍着火点) 3.有充足的氧气	聆听、感受、思考。 思考、记录	引导学生总结知识和方法
六、解释 引入实验	【魔术大揭秘】手帕在火中没有被烧掉的原因：酒精溶液中事先放有_____，然后将手帕上的酒精点燃，水_____较多热量供其蒸发，使手帕的温度_____，所以手帕没有被烧坏	思考、分析	学会运用知识解决实际问题
七、知识 应用	分别点燃两根木条，将一根木条火焰竖直向上，另一根木条火焰斜向下，观察哪根木条燃烧更旺。_____。原因是_____	学生动手实验，并观察 	学会运用知识解决实际问题

学习任务单

学习目标：

1.知道什么是燃烧。

2.知道燃烧的条件。

3.学会描述实验、归纳结论，掌握设计实验的要点。

学习重难点：

燃烧的条件。

学习任务：

魔术——烧不坏的手帕。

【提出问题】手帕在火中为什么没有被烧掉？燃烧需要哪些条件？

认识燃烧，可燃物与_____发生的一种_____、_____的剧烈的反应叫燃烧。

【实验探究】

1.燃烧的首要条件是什么？

老师的实验百宝箱：判断哪些物质能燃烧。

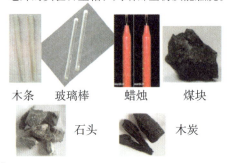

木条　　玻璃棒　　蜡烛　　煤块

石头　　木炭

2.燃烧的条件探究。

在一个烧杯中倒入热水，并放入用硬纸圈圈住的一小块白磷。在烧杯上盖一片薄铜片，铜片上一端放一小堆干燥的红磷，另一端放一小块已用滤纸吸去表面上水的白磷。如图所示，一段时间后观察。（已知白磷的着火点为 40 ℃，红磷的着火点为 240 ℃）

（1）写出观察到的现象：铜片上的红磷_____，铜片上的白磷_____，水中的白磷_____。

（2）铜片上的白磷燃烧，红磷不燃烧，说明燃烧需要_____。

（3）铜片上的白磷能燃烧，水中的白磷不燃烧，说明燃烧需要_____。

（4）向热水中不燃烧的白磷通入氧气后，白磷燃烧了，说明燃烧需要_____。

【实验结论】

燃烧需要的条件有：

（1）_____。

（2）_____。

（3）达到燃烧所需的_____（也叫_____）。

【魔术大揭秘】

手帕在火中没有被烧掉的原因：酒精溶液中事先放有_____，然后将手帕上的酒精点燃，水_____较多热量供其蒸发，使手帕的温度_____，所以手帕没有被烧坏。

第五节　物质灭火的原理和方法

教学目标：

1.知识与技能

（1）认识燃烧的条件，了解灭火原理，学会常用的灭火方法。

（2）能利用物质燃烧的条件解释日常生活中灭火的现象。

2.过程与方法

（1）引导学生根据所提出的问题，结合已有生活经验与所学知识，设计实验方案并验证。

（2）通过对实验现象的观察、分析、归纳，让学生亲身体会知识的获取过程与方法。

3.情感态度与价值观

（1）正确地认识燃烧与灭火的相关现象。

（2）通过探究 "灭火的原理和方法"，形成勤于思考、勇于探索的精神。

（3）通过对实验的分析，培养学生的创新精神和环保意识。

教学过程：

教学环节	教师活动	学生活动	设计意图
一、引入主题	【展示】视频	观看思考	引入主题，激发学生学习兴趣
二、探究实验	【学生实验】1.请用不同的方法将燃烧的蜡烛熄灭。 2.所用方法的依据是什么 	学生思考、讨论。 学生分组动手实验，观察、记录现象。 讨论后回答灭火方法：吹、剪、水等	通过学生实验，使学生得出灭火方法并归类
三、实验分析	【提问】灭火原理是什么？ 【总结】灭火方法可以归为这几类：降低温度、隔绝氧气、清除可燃物。这就是灭火的原理	学生倾听、记录、思考	培养学生分析问题、解决问题的能力

续表

教学环节	教师活动	学生活动	设计意图
四、归纳总结	【板书】灭火的原理 1.清除或隔离可燃物。 2.隔绝氧气（或空气）。 3.使温度降低到可燃物着火点以下	思考、记录	培养学生对于问题结论性语言的归纳
五、知识应用	【提问】炉火为什么越扇越旺呢？你能解释其中的原因吗？	思考、讨论、回答	培养学生应用化学知识解决实际问题的能力
六、扩展	介绍几种常见灭火器的灭火原理和适用范围及逃生方法 	聆听、感受、思考	生活常识的学习及应用

学习任务单

学习目标：

1.知道灭火的原理。

2.知道燃烧与灭火的关系。

3.学会描述实验、归纳结论，掌握设计实验的要点。

学习重难点：

灭火的原理。

燃烧条件

同时满足，缺一不可　与氧气接触　温度达到着火点　可燃物

学习任务：

灭火大比拼

探究活动：请同学们用不同的方法熄灭燃烧的蜡烛。

提供的材料：燃烧的蜡烛若干支、500毫升的烧杯、小烧杯（装有一定量的水）、细沙、剪刀、湿抹布、扇子、硬纸板。

架起科学思维桥

小学六年级科学课拓展读物

实验记录表

熄灭蜡烛的方法	解释与结论

灭火的原理有：

（1）清除或隔离_____。

（2）隔绝_____。

（3）使可燃物的温度降至_____。

【知识拓展】

1. 灭火器及其使用方法、灭火原理和适用范围。

灭火器	使用方法	灭火原理	适用范围
干粉灭火器	1.上下摇动灭火器几次，拔出保险销。2.距火3米处，对准火焰根部。3.压下把手，扫射	利用压缩的二氧化碳吹出干粉（主要含有碳酸氢钠或磷酸铵盐）	具有流动性好、喷射率高、不腐蚀容器和不易变质等优良性能，除可用来扑灭一般失火外，还可用来灭油、气等燃烧引起的失火
二氧化碳灭火器	1.拔出保险销。2.按下压把。注意：手一定先握在钢瓶的木柄上，防止冻伤	加压时将液态二氧化碳压缩在小钢瓶中，灭火时再将其喷出，有降温和隔绝空气的作用	灭火时不会因留下任何痕迹而使物体损坏，因此可用来扑灭图书、档案、贵重设备、精密仪器等物的失火
水基型灭火器	1.取下喷射软管，拔掉保险销。2.压下把手，对准火焰根部喷射	产生的泡沫喷射到燃料表面，泡沫层析出的水在燃料表面形成一层水膜，使可燃物与空气隔绝，达到灭火的目的	泡沫和水膜的双重作用，能快速、高效灭火，可用来扑灭非水溶性可燃性液体，如汽油、柴油等，以及固体材料，如木材、棉布等引起的失火

2. 与燃烧和爆炸相关的图标。

当心火灾——易燃物质　　当心爆炸——爆炸性物质　　当心火灾——氧化物

禁止烟火　　禁止带火种　　禁止燃放鞭炮　　禁止吸烟　　禁止放易燃物

第十四章　有趣的探究

第一节　多变的蜡烛

教学目标：

1.知识与技能

（1）认识石蜡的性质，初步学会对蜡烛燃烧的实验进行观察和准确描述实验现象。

（2）能在教师指导下根据实验方案进行实验，通过对实验现象的观察和分析得出石蜡的性质及其变化的有关结论。

2.过程与方法

（1）认识科学探究的基本过程和方法，进行初步的探究活动。

（2）能主动与组内的同学讨论、交流，清楚地表达自己的观点，逐步形成良好的学习习惯和学习方法。

3.情感态度与价值观

（1）通过对蜡烛燃烧实验的探究，初步了解观察实验的基本要领。

（2）基本掌握通过实验进行科学探究的方法。

（3）初步培养学生的实验操作能力，观察、分析问题的能力及表述能力等。

教学过程：

教学环节	教师活动	学生活动	设计意图
一、引入主题	【展示】蜡烛。 用刀切，放入水中	观看，思考，记录	引入主题，激发学生学习兴趣
二、探究实验	【学生实验】点燃蜡烛，观察蜡烛燃烧。 熄灭后，冒白烟。点燃白烟，蜡烛又重新燃烧 	学生分组动手实验、观察、记录现象	通过学生实验，培养学生动手能力和分析问题能力

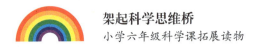

续表

教学环节	教师活动	学生活动	设计意图
三、实验及实验分析	【提问】如何探究蜡烛燃烧各层温度高低？ 将一根小木条迅速平放入蜡烛三层火焰中，约1秒后取出	学生实验，记录并思考得到结论	培养学生分析问题的能力
	【提问】蜡烛燃烧时是什么变化？ 如何验证你的假设？ 分别取一个干冷烧杯和一个内壁蘸有澄清石灰水的烧杯，先后罩在蜡烛火焰上方 燃着的蜡烛　蜡烛火焰各层温度比较　在蜡烛的火焰上方罩一个内壁蘸有澄清石灰水的烧杯	思考、讨论、回答。 学生实验，记录实验现象，思考	培养学生分析问题、归纳总结的能力

学习任务单

学习目标：

1. 知道蜡烛的性质。

2. 知道蜡烛燃烧生成的物质是什么。

3. 学会描述实验、归纳结论，掌握设计实验的要点。

学习重点：

引导学生掌握学习化学的方法——通过对蜡烛燃烧实验的探究使学生掌握化学探究的一般方法。

学习难点：

培养学生透过现象看本质的推理能力。

学习任务：

化学是一门以_____为基础的科学，学习化学的一个重要途径是_____。

【小资料】二氧化碳可以使澄清石灰水变浑浊。

对蜡烛及其燃烧的探究

实验探究步骤	现象	结论
1. 观察蜡烛的制作材料	蜡烛由_____组成	

续表

实验探究步骤	现象	结论
2.点燃前 （1）观察蜡烛的颜色、状态、气味。 （2）用小刀从蜡烛上切下一块放入水中	_____色，_____态，有_____气味。 _____切，_____于水面，_____溶解于水	硬度_____，密度_____于水，而且_____溶于水
3.点燃蜡烛 （1）用火柴点燃蜡烛，观察蜡烛火焰。 （2）取一根火柴梗，迅速平放在火焰中，约1秒后取出。 （3）将一个干燥的烧杯罩在蜡烛火焰的上方。 （4）迅速将烧杯倒转过来，倒入澄清石灰水，振荡	蜡烛安静、持续燃烧，火焰会随气流闪烁、摇晃，火焰上方有____，火焰分____层，上层黄色且明亮，中层较暗，内层底部为淡蓝色。 火柴梗靠焰心部分基本不变色而_____部分变黑。 烧杯内壁出现_____，澄清石灰水_____	石蜡有_____。火焰分为_____、_____、_____三部分，_____焰温度最高，加热时应用_____焰。蜡烛的燃烧产物有_____

【实验结论】

石蜡为____色____体，硬度较____。石蜡能在空气中燃烧、发光、发热。其火焰分为____层，____焰温度最高。石蜡燃烧生成____和____。

第二节　对人体吸入的空气和呼出的气体的探究

教学目标：

1. 知识与技能

能在教师指导下根据实验方案进行实验，通过对实验现象的观察和分析得出吸入的空气和呼出的气体变化的有关结论。

2. 过程与方法

（1）认识科学探究的基本过程和方法，进行初步的探究活动。

（2）能主动与组内的同学讨论、交流，清楚地表达自己的观点，逐步形成良好的学习习惯和学习方法。

3. 情感态度与价值观

（1）通过对人体吸入的空气和呼出的气体的探究，初步了解观察实验的基本要领。

（2）基本掌握通过实验进行科学探究的方法。

（3）初步培养学生的实验操作能力，观察、分析问题的能力及表述能力等。

教学过程：

教学环节	教师活动	学生活动	设计意图
一、知识讲解	展示资料	观看、思考	引入主题
二、引入主题	【提问】探究什么问题？过程如何	学生思考、讨论	培养学生设计实验的思维能力
三、实验	【实验1】用排水法收集一瓶人体呼出气体的样品 	学生实验，记录，思考，得出结论	培养学生分析问题的能力

续表

教学环节	教师活动	学生活动	设计意图
	【实验2】取两个集气瓶,其中一瓶为空气,向一瓶空气样品和一瓶呼出气体的样品中滴入数滴澄清的石灰水,振荡,观察现象 澄清的石灰水	学生实验,记录,思考,得出结论	培养学生动手实验能力和互相协作的精神
	【实验3】将燃着的小木条分别插入一瓶空气样品和一瓶呼出气体的样品中,观察现象 燃着的小木条	学生实验,记录,思考,得出结论	培养学生动手实验能力和互相协作的精神
	【实验4】取两块干燥的玻璃片,对着其中一块哈气,观察玻璃片上水蒸气的情况,并与另一块放在空气中的玻璃片做对比	学生实验,记录,思考,得出结论	培养学生动手实验能力和互相协作的精神
四、实验分析	上述实验2、3、4分别说明什么问题?在设计方法上有哪些类似之处	讨论、思考、分析、得出结论	培养学生从化学视角分析问题的能力

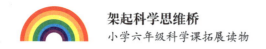

学习任务单

学习目标:

1. 学会对比的实验方法。

2. 知道空气及呼出的气体中主要含有哪些物质。

3. 学会设计实验、描述现象、归纳结论,掌握设计实验的要点。

学习重难点:

引导学生掌握学习化学的方法和培养学生透过现象看本质的推理能力。

【自主学习】

1. 二氧化碳可以使澄清石灰水_____,而且白色浑浊越多,说明气体中_____越多。氧气可以使带火星的木条复燃,木条燃烧越旺,说明氧气的含量_____。

2. 人体的呼吸作用通常是将空气中_____吸入体内,通过呼吸作用产生_____和_____。二氧化碳在日常生活中常用作灭火器,说明二氧化碳_____(填"能"或"不能")支持燃烧。

完成对人体吸入的空气和呼出的气体的实验探究报告。

实验探究步骤	实验现象	结论
在两个集气瓶中装满水,用玻璃片盖住瓶口,倒放入水中。将塑料管小心地插入集气瓶内,并向集气瓶内缓缓吹气	集气瓶中的水排出,集气瓶内充满气体	_____
向一个装有空气样品的集气瓶和一个装有呼出气体样品的集气瓶中各加入相同滴数的澄清石灰水,振荡 澄清的石灰水	澄清石灰水在空气中_____,澄清石灰水在呼出的气体中_____	人体呼出气体中二氧化碳含量比空气中的_____

续表

实验探究步骤	实验现象	结论
将燃着的小木条分别插入装有空气样品和呼出气体样品的集气瓶中 燃着的小木条	木条在空气中_____，木条在呼出的气体中_____	人体呼出气体中氧气含量比空气中的_____
取两块干燥的玻璃片或镜片，对其中一块哈气，另一块放在空气中	空气中的玻璃片上_____，哈气的玻璃片上_____	人体呼出气体中水蒸气的含量比空气中的_____

【课堂小结】

1. 以上三组实验在设计方法上有哪些类似之处？

2. 通过实验探究，人体呼出的气体与吸入的气体相比，含量明显发生变化的主要有_____、_____、_____三种物质。

【学以致用】

1. 能使澄清石灰水变浑浊的气体是（　　）。

A. 空气　　B. 水蒸气　　C. 氧气　　D. 二氧化碳

2. 蜡烛燃烧时，观察到的现象是（　　）。

A. 蜡烛燃烧时火焰分为三层，焰心主要是石蜡蒸气，温度最低，内焰火焰最明亮

B. 火柴梗接触外焰的部分首先炭化变黑

C. 燃烧后生成二氧化碳和水

D. 燃烧后只生成使澄清石灰水变浑浊的气体

第十五章　净水方法

水的净化

教学目标：

1. 知识与技能

（1）了解地球表面约 71% 被水覆盖，知道自然水都是含有杂质的，不宜直接饮用。

（2）学习并练习沉淀、过滤、吸附等净化水的方法。

（3）初步学会过滤的基本操作方法。

（4）了解净化水在生产和生活中的意义。

2. 过程与方法

（1）介绍水的净化方法，根据所学内容设计并制作简易净水器。

（2）通过对水的净化过程的初步探究，认识根据物质的性质进行分离的实验原理。

（3）通过自来水厂的净水过程，了解净水在生产和生活中的意义。

3. 情感态度与价值观

（1）通过自制净水器等多种形式，学会用化学知识解决实际问题，激发学生的学习兴趣。

（2）通过对生活中水资源分布不均衡等的认识，进一步增强学生爱护水资源的意识。

教学过程：

教学环节	教师活动	学生活动	设计意图
一、引入主题	【展示】谜语引入 风吹皱面皮，火烧就生气， 利刀切不断，斧砍无痕迹	学生思考并得出谜底——水	通过谜语引入主题，激发学生的兴趣

续表

教学环节	教师活动	学生活动	设计意图
二、了解地球上水的分布，介绍水的净化方法	提前布置了关于地球上水的分布的任务，聆听学生的答案。 【教师引导】通过给出小资料，了解地球上水的分布。知道地球上约71%被水覆盖 	学生根据教师之前布置的任务，查询地球上水的分布，并让学生展示自己的答案。 观看图片并思考	培养学生查阅资料和表达的能力。通过对生活中水资源分布不均衡等的认识，进一步增强学生爱护水资源的意识
	【教师提问】怎么做才能喝到比较纯净的水呢？ 【视频播放】净水方法。 教师讲解过滤的操作要点。 【提出问题】水中的颜色怎么去除呢？ 【教师讲解】活性炭的吸附原理	学生：利用沉淀、过滤的方法。 学生观看视频。 学生：结合生活经验，学习活性炭的吸附原理。 学生聆听、思考	培养学生的理解能力，激发学生的学习兴趣
三、设计并自制简易净水器	请同学们根据视频中讲解的净水方法，利用提供的物品，设计一个简易的净水器	学生小组讨论设计净水器，合作完成制作	培养学生的设计和动手能力，学会用化学知识解决实际问题，激发学生的学习兴趣
四、学习用消毒的方法净化水，介绍自来水厂的净水过程	【教师引导】经过简易净水器处理后的水能否直接饮用？ 【活动小结】根据今天所学的内容，从一杯浑浊的水得到一杯澄清的水，需要经过哪些过程？ 【教师引导】介绍自来水厂的净水过程	学生：不能，还有细菌、病毒等没有去除，可以利用煮沸的方法消毒。 学生：要按照沉淀—过滤—吸附的净水过程 学生聆听	了解净水在生产和生活中的意义
五、小结、布置作业	【教师引导】给出国家节水标志。 【布置作业】社会调查——牛口峪水库的净水方法	学生猜测节水标志的含义	培养学生的节水意识，使学生了解净水在生活、生产中的意义

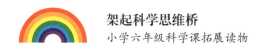

学习任务单

学习目标：

1. 了解地球表面约 71% 被水覆盖，知道自然水都是含有杂质的，不宜直接饮用。

2. 学习并练习沉淀、过滤、吸附等净化水的方法。

3. 初步学会过滤的基本操作方法。

4. 了解净化水在生产和生活中的意义。

学习重点：

水的净化方法。

学习难点：

简易净水器的设计和制作。

净水方法：

设计简易净水器：

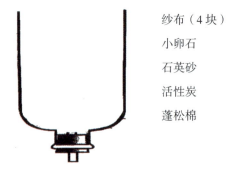

纱布（4 块）

小卵石

石英砂

活性炭

蓬松棉

自来水厂净水过程

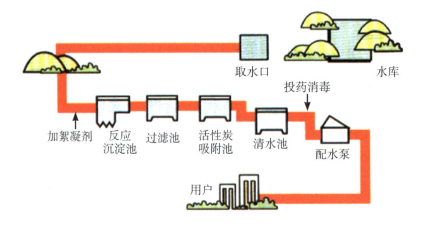

社会调查：牛口峪水库的净水方法

第十六章　身边化学物质的初步认识

第一节　初步认识空气（第一课时）

教学目标：

1.知识与技能

（1）了解空气的主要成分。

（2）初步认识纯净物和混合物的概念。

2.过程与方法

（1）通过空气成分的发展史，了解空气的成分。

（2）通过拉瓦锡的实验，初步了解科学实验的方法。

（3）通过分析、对比不同科学家对空气的研究，初步体会科学家研究问题的思想并体验科学研究的基本方法。

3.情感态度与价值观

（1）了解人类对事物的曲折的认知过程，认识到科学发现是要经过艰难探索的，任何成功都不是偶然的。

（2）培养从前人经验中获得知识、方法和经验教训的兴趣，体验科学家研究物质的严谨的科学精神。

教学过程：

教学环节	教师活动	学生活动	设计意图
一、引入	人类每时每刻都离不开空气，没有空气就没有生命，也就没有生机勃勃的地球	学生倾听	了解空气的重要性
二、如何证明空气的存在	请同学们根据以前科学课学过的内容，想一想，如何证明空气的存在呢	学生思考并回答	培养学生学习化学要学会利用实验来证明猜想的意识

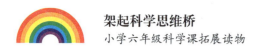

架起科学思维桥

小学六年级科学课拓展读物

续表

教学环节	教师活动	学生活动	设计意图
三、重走科学路，体验探究空气组成的历史	【教师讲解】①17世纪中叶以前，人们对空气和气体的认识还是模糊的。②1772年，卢瑟福发现了氮气。③1774年，普利斯特里发现了氧气，但是他当时坚持燃素说。简要介绍燃素说。④1777年，法国化学家拉瓦锡认识到空气是一种混合物，并得出了空气由氮气和氧气组成的结论	学生倾听、思考	了解人类对事物的曲折的认知过程，认识到科学发现是要经过艰难探索的，任何成功都不是偶然的。培养从前人经验中获得知识、方法和经验教训的兴趣，体验科学家研究物质的严谨的科学精神
	【简要介绍拉瓦锡的实验】实验方法：曲颈甑（盛空气）中加热汞。实验原理：加热汞和氧气，加热氧化汞。实验现象：①银白色的液态汞变成红色粉末（氧化汞）。②容器内的空气体积减少约1/5（氧气）；剩余气体体积约4/5（氮气）。实验结论：空气由氧气和氮气组成，其中氧气约占空气总体积的1/5	学生倾听、思考	
	19世纪末，英国物理学家雷利（1842—1919）和英国化学家拉姆塞（1852—1916）通过实验得到了一种当时不为人知的气体，经过多方面实验断定：它是另一种化学性质极不活泼的物质，命名为氩。1868年，发现氦。1898年，发现氪、氖和氙。1900年，发现氡	学生倾听、思考	
四、总结空气成分	展示空气成分的饼状图	学生根据饼状图中的内容说一说各种气体成分的占比	培养学生的识图能力和语言表达能力
五、混合物和纯净物	以稀有气体和氧气为例，说明混合物和纯净物的概念及判断方法	学生根据稀有气体的组成和稀有气体与氧气的区别总结出纯净物和混合物的概念，找出区分方法	培养学生自主分析的能力
六、总结	通过今天的学习，学到了什么？请同学们总结本节课所学内容	学生从空气的成分及其研究历史，混合物和纯净物两方面进行总结	使本节课所学内容得到提升

214

学习任务单

学习目标：

1.了解空气的主要成分。

2.初步认识纯净物和混合物的概念。

学习重难点：空气的组成。

学生任务：

1.空气成分的发现史

17 世纪中叶以前认识模糊。

1772 年，卢瑟福发现了氮气。

1774 年，普利斯特里发现了氧气，但是他当时坚持燃素说。

1777 年，法国化学家拉瓦锡认识到空气是一种混合物，认为这种混合物是氮气和氧气。

19 世纪末，雷利和拉姆塞通过实验得到一种化学性质极不活泼的气体，即氩。

2.认识几位科学家

卢瑟福，英国著名物理学家，发现了氮气。曾荣获 1908 年诺贝尔化学奖。

普利斯特里，英国化学家，自学成才的气体化学大师。

拉瓦锡，法国化学家，他提出了氧化学说，创立了化学物质分类新体系，开创了化学发展新纪元。

3. 空气成分示意图

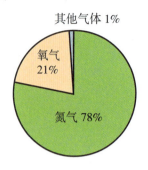

其他气体 1%

氧气 21%

氮气 78%

通过实验测定，空气的成分按体积计算，大约是：

氮气_____ ，氧气_____ ，

稀有气体_____ ，包含_____ ，

二氧化碳 _____ ，其他气体和杂质_____ 。

4. 纯净物和混合物

纯净物：_____ 。

混合物：_____ 。

练习：判断下列物质是混合物还是纯净物？

海水、自来水、空气、氧气、河水、矿泉水、糖水、饮料、冰水共存物

混合物：_____ 。

纯净物：_____ 。

第二节 初步认识空气（第二课时）

教学目标：

1. 知识与技能

（1）了解氧气、氮气和稀有气体的主要性质和用途。

（2）知道空气是一种宝贵的自然资源及空气污染物种类，初步了解空气污染的危害。

2. 过程与方法

通过观察图片和已有的生活经验，了解氧气、氮气和稀有气体的主要性质和用途。了解空气污染形成的原因、空气污染物种类、空气污染物危害以及保护空气的措施。

3. 情感态度与价值观

培养学生关注环境、热爱自然的情感。

教学过程：

教学环节	教师活动	学生活动	设计意图
一、引入主题	请同学们回顾上节课所学的空气成分是什么	学生思考并回答	回顾已学知识，为今天所讲内容做铺垫
二、氧气、氮气、稀有气体的主要性质和用途	关于氧气供给呼吸的性质用途。 【提出问题】你能说说氧气有哪些用途吗？ 【图片展示】氧气用途的相关图片。 【提出问题】此处应用了氧气的什么性质？ 【图片展示】学生回答后，再展示几张关于氧气供给呼吸的图片 	学生回答：潜水。 学生思考并回答：氧气能供给呼吸	通过观察图片和已有的生活经验，了解氧气的主要性质和用途。初步了解物质的性质和用途之间的关系

架起科学思维桥
小学六年级科学课拓展读物

续表

教学环节	教师活动	学生活动	设计意图
	关于氧气支持燃烧的性质和用途。 【图片展示】氧气应用于生活、工业生产、航天领域等方面的图片。 【提出问题】此处应用了氧气的什么性质	学生根据生活常识和教师的提示回答：利用了氧气支持燃烧的性质	
	根据氧气的性质和用途，说一说物质的性质和用途有什么关系？ 关于氮气的性质和用途。 【图片展示】袋装薯片。 【提出问题】你知道里面的气体是什么吗？ 【资料卡片】薯片或粮食等储存中常充入氮气用作保护气，可以营造低氧或者无氧的环境，从而防止食物腐烂变质。 【提出问题】为什么氮气可以用作保护气呢	性质决定用途，用途体现性质。 学生思考，阅读教师所给的资料卡片。 学生思考并回答：氮气的化学性质不活泼	根据物质的性质和用途之间的关系，体会化学学科的重要思想。 通过观察图片并结合已有的生活经验，了解氮气的主要性质和用途。了解物质的性质和用途之间的关系
	【提出问题】氮气还有哪些用途呢？ 【图片展示】 医疗、超导材料、制造硝酸、化肥	学生思考	
	关于稀有气体的性质和用途 【图片展示】 【提出问题】你知道这是什么气体的作用吗？ 稀有气体还有哪些用途呢？	学生思考。	通过观察图片和教师的讲解，了解稀有气体的主要性质和用途。了解物质的性质和用途之间的关系

续表

教学环节	教师活动	学生活动	设计意图
	【资料卡片】稀有气体曾被叫作"惰性气体"，因为其化学性质不活泼。 【教师讲解】稀有气体可以制成多种用途的电光源：霓虹灯、航标灯、闪光灯等；还可用作保护气：灯泡、金属焊接等	学生阅读教师所给的资料卡片	
三、空气是一种宝贵的资源	【教师讲解】在通常情况下，空气是一种无色、无味的气体，其中各组成成分的比例保持相对稳定。教师提前布置了以下4个问题，请同学们回家查阅资料，上课回答。 【提出问题】1.造成空气污染的原因有哪些？ 2.空气污染引发的三大环境问题。 3.如何防治空气污染	学生回答教师提前布置好的问题：1.自然因素和人为因素。2.温室效应、酸雨、臭氧空洞。3.国家层面：①从源头控制污染物产生，如改革能源结构。②污染物（工业废气、汽车尾气等）处理后再排放。③加大对污染物的吸收，如多植树造林。④加强大气质量监测，如空气质量日报。个人层面：①绿色出行；②节约用纸；③多参加植树造林等绿色活动	知道空气是一种宝贵的自然资源，初步了解空气污染的危害。培养学生关注环境、热爱自然的情感

学习任务单

学习目标：

1.了解氧气、氮气和稀有气体的主要性质和用途。

2.知道空气是一种宝贵的自然资源，初步了解空气污染的危害。

学习重难点：氧气、氮气和稀有气体的主要性质和用途。

学习任务：

1.空气是一种宝贵的资源

（1）氧气

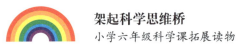

化学性质：① _____ ； ② _____ 。

用 途：_____ 。

（2）氮气

用作灯泡填充气	液氮用于医疗手术	

化学性质：_____ 。

用途：_____ 。

（3）稀有气体

化学性质：_____ 。

用途：_____ 。

2. 保护空气

空气污染物：_____ 。

空气污染的危害：_____ 。

保护空气的措施：_____ 。

第三节 金刚石、石墨的初步认识

教学目标：

1. 知识与技能

（1）了解金刚石和石墨的物理性质和主要用途。

（2）初步形成物质的结构决定性质、性质反映结构、用途体现性质的认识。

（3）知道不同的元素可以组成不同的物质，同一种元素也可以组成不同的物质。

2. 过程与方法

（1）通过比较金刚石和石墨的结构与性质，感受从微观角度认识物质的思维方法。

（2）根据资料及已有的知识等信息，分析并判断物质的性质和用途、结构之间的关系，体会性质决定用途的思想。

3. 情感态度与价值观

以碳的单质为载体，引导学生形成观念。

（1）物质的性质在很大程度上决定了物质的用途。

（2）科学的发展是无止境的。

教学过程：

教学环节	教师活动	学生活动	设计意图
一、金刚石简介	欣赏几幅图片，让学生知道金刚石这种物质 	欣赏图片，更全面地认识金刚石这种物质	图片引入，激发学生学习兴趣
	给出资料卡片一： 纯净的金刚石是无色透明、正八面体形状的固体。天然采集到的金刚石经过仔细研磨后，可以制成璀璨夺目的装饰品——钻石。金刚石是天然存在的最硬的物质。它可以用来裁玻璃、切割大理石、加工坚硬的金属以及装在钻探机的钻头上，钻凿坚硬的岩层等。	阅读资料卡片一，说出金刚石的用途，并分析金刚石的物理性质	通过学生阅读资料和结合生活经验，使学生思考金刚石的用途与性质之间的关系

续表

教学环节	教师活动	学生活动	设计意图
	【提问】 1.根据资料，说出金刚石有哪些用途？ 2.结合资料及所学知识，思考金刚石为什么有不同的用途		
二、石墨简介	欣赏几幅图片，让学生知道石墨这种物质 给出资料卡片二： 石墨是一种灰黑色的有金属光泽而不透明的细鳞片状固体。石墨很软，有滑腻感。此外，石墨还具有优良的导电性能，可用作电极材料。 【提问】 根据资料，说出石墨有哪些用途，并思考石墨的不同用途分别利用了石墨的哪些性质。 【快乐思考】 铅笔含铅吗？ 播放视频，介绍铅笔笔芯中的物质，并科普铅笔上 HB 代表的含义	欣赏图片，更全面地认识石墨这种物质 阅读资料卡片二，说出石墨的用途，并分析石墨的不同用途分别利用了石墨的哪些性质。 思考完说出答案后，观看视频，揭晓答案，并了解铅笔上 HB 代表的含义	图片引入，激发学生学习兴趣 通过阅读资料，使学生思考物质的用途与性质之间的关系
三、探究物质的结构、性质和用途之间的关系	【生活小妙招】 1.生锈的铁锁中加入什么物质，还可以继续使用？利用的是该物质的什么性质？ 【思考】 物质的性质和用途之间有什么关系 【过渡】 钻石璀璨夺目、价值连城，可是我告诉你它的组成元素与铅笔芯的主要成分（石墨）的组成元素是相同的，你会相信吗？ 【讲解】 金刚石和石墨都是由碳元素组成的。 【提问】 1.金刚石和石墨在性质上为什么会有这么大的不同？	结合生活经验，回答问题。 结合所学知识，猜测石墨的性质，思考并回答 学生聆听并思考。	通过生活经验，加深学生对物质的性质与用途关系的理解 以金刚石和石墨为例，通过教师讲解、给出资料、循循善诱的方式，让学生得出物质的性质、用途及结构之间的关系，加深理解

续表

教学环节	教师活动	学生活动	设计意图
	图片展示他们的结构： 金刚石的结构　　石墨的结构 2. 金刚石和石墨的结构有怎样的不同？ 【讲解】 金刚石的空间结构为连续的、网状的结构，所以其质地坚硬。 石墨呈平面层状结构，层与层之间的作用力小，所以其质软、有滑腻感。 【思考】 以金刚石、石墨为例，说一说物质的结构、性质之间有什么关系	通过观察金刚石和石墨的结构，对比说出金刚石和石墨的结构的不同之处，推测物质的结构、性质之间的关系	
四、知识链接	【知识链接】 介绍几种生活中常见的含碳元素的物质。 【知识拓展】 1. "碳"与"炭"的区别？ 2. 活性炭在生活中有哪些应用？活性炭具有怎样的性质？ 【科普链接】 除金刚石、石墨外，一些以新的形态存在的含碳的物质又相继被发现，如碳纳米管、石墨烯等。 介绍科学实验——单层石墨片的制备	聆听、感受、思考。 阅读。 结合生活经验，思考并回答问题。 聆听科学家的故事，感受科学实验的奇妙	让学生体会到物质的多样性；通过科普链接，感受科学的奇妙以及科学家的精神，培养化学核心素养

学习任务单

学习目标：

1. 了解金刚石和石墨的物理性质和主要用途。

2. 知道不同的元素可以组成不同的物质，同一种元素也可以组成不同的物质。

3. 初步形成物质的结构决定性质、性质反映结构、用途体现性质的认识。

学习重点：以"碳"为例，认识物质的多样性。

学习难点：以金刚石和石墨为例，渗透物质的结构决定性质、性质反映结构、用途体现性质的认识。

学习任务：

1.阅读资料，完成表格。

【资料卡片一】

纯净的金刚石是无色透明、正八面体形状的固体。天然采集到的金刚石经过仔细研磨后，可以制成璀璨夺目的装饰品——钻石。金刚石是天然存在的最硬的物质。它可以用来裁玻璃、切割大理石、加工坚硬的金属以及装在钻探机的钻头上，钻凿坚硬的岩层等。

	性质	用途
金刚石		

【资料卡片二】

石墨是一种灰黑色的有金属光泽而不透明的细鳞片状固体。石墨很软，有滑腻感。此外，石墨还具有优良的导电性能，可用作电极材料。

	性质	用途
石墨		

2.金刚石和石墨都是由_____组成的。

3.生活中常见的含碳元素的物质有_____。

第四节　初步认识金属材料

教学目标：

1. 知识与技能

（1）了解金属的物理性质（共性和差异），会合理选用金属材料。

（2）知道生铁和钢等重要合金以及合金比纯金属具有更广泛的用途。

2. 过程与方法

（1）通过对金属物理性质的探究，初步学习"个别→一般→个别"的辩证思维方式。

（2）通过对选用金属材料的讨论，培养学生综合分析问题的能力。

（3）通过实验了解合金与组成它们的纯金属硬度、熔点的差异。

3. 情感态度与价值观

（1）认识金属材料与人类生活、社会发展的密切关系。

（2）树立合理使用金属材料的意识，学会用全面、发展的眼光看问题。

教学过程：

教学环节	教师活动	学生活动	设计意图
一、金属的物理性质	【创设情境】 介绍金属材料的发展史：石器时代→青铜时代→铁器时代。 欣赏图片，了解生活中经常用到的金属材料。 【讲解】 金属材料包括纯金属以及它们的合金	聆听。 欣赏图片，感受生活中广泛使用的金属材料。	通过日常生活中广泛使用的金属材料等具体实例，认识金属材料与人类生活和社会发展的密切联系。

续表

教学环节	教师活动	学生活动	设计意图
	【提问】 有光泽　能够导电　能够导热 有延展性，可以拉成丝　有延展性，能压成薄片　能够弯曲 1. 结合图片，说一说生活中常用金属的用途。 2. 总结金属的共同的物理性质。 【讲解】 金属的延展性： 1. 金属能拉成丝、展成薄片的性质，称为延展性。 2. 展示铜丝、铝箔实物，让学生体会铜、铝良好的延展性。 【提问】 结合金属在生活中的应用，思考其性质与用途之间存在什么联系？ 【过渡】 举例说明不同金属同一物理性质的差异，如颜色、密度。 【展示】 不同金属物理性质的比较图表	学生结合图片，说出生活中这些常见金属的用途。 思考并得出金属的物理性质。 讨论并归纳金属的物理性质（共性）： 有金属光泽、良好的导电性、良好的导热性、有延展性	从生活中常见的金属材料开始认识金属的物理性质；知道物质的性质在很大程度上决定了物质的用途。 加深对物理性质的理解，从感性认识上升到理性认识，从个别到一般，学习渗透类比、归纳的方法。 引导学生关注金属共性中的差异
二、合理选用金属材料	【过渡】 从图表中可以看出，金属的共性中是存在差异的。 【讨论】 1. 为什么菜刀、镰刀、锤子等用铁制而不用铅制？ 2. 银的导电性比铜好，为什么电线一般用铜制而不用银制？ 3. 为什么灯泡里的灯丝用钨制而不用锡制？如果用锡制的话，可能会出现什么情况？ 4. 为什么有的铁制品如水龙头等要镀铬？如果镀金会怎样？ 【讲解】 在考虑物质的用途时，首先要考虑物质的性质，物质的性质决定它的用途。但是在实际选用的时候还应该考虑其他的因素。	学生结合给出的图表，小组讨论交流，得出答案 学生思考，结合生活经验，归纳、概括得出选用金属材料的原则	锻炼学生分析、归纳问题的能力，培养学生的学科思维方式。渗透要用全面的眼光看问题的思想

教学环节	教师活动	学生活动	设计意图
	【提问】 考虑物质的用途时，还需要考虑哪些因素？ 【小结】 物质的性质在很大程度上决定了物质的用途，但还需要考虑价格、资源，使用是否便利、废料是否易回收以及对环境的影响等多种因素。在考虑物质的用途时，需要综合考虑		
三、合金	【过渡】 市场上，经常会看到 18 K 黄金手镯、18 K 玫瑰金这样的字眼，那到底什么是 18 K 呢？ 【讲解】 K 是表示金的纯度的指标，18 K 表示含金量达75%。 18 K 玫瑰金中含金、铜、银、锌。 1. 合金定义：在金属中加热熔合某些金属或非金属，制得的具有金属特征的物质。 通过使用不同的金属，改变配比，改变制造工艺等，就可以制造不同的合金。因此，虽然纯金属只有 90 多种，但是制得的合金已达几千种。 2. 生活常见的合金材料：钢和生铁。 【思考】 现实生活中金属材料很多，但是纯金属制品很少，大多数都是金属的合金，这是为什么呢？ 【过渡】 金属形成合金后，某些物理性质会发生改变，我们一起来探究这个问题吧。 【实验】 比较黄铜片和铜片的光泽、颜色和硬度。 【讨论】 结合表格，比较焊锡、武德合金和组成它们的纯金属在熔点上的差异。 【讲解】 金属形成合金后，除了硬度、熔点发生改变外，强度也增大了，抗腐蚀性能也更好。如纯铁较软，而生铁比纯铁硬；不锈钢不仅比纯铁硬，而且其耐腐蚀性能也比纯铁好得多。因此合金有更广泛的用途。 【知识链接】 21 世纪的重要金属材料——钛和钛合金	学生聆听。 学生思考并回答：因为合金的性能比纯金属要好。 学生观察实验，比较黄铜片和铜片的光泽、颜色和硬度。 学生讨论，比较焊锡、武德合金和组成它们的纯金属在熔点上的差异。 学生自主学习	联系生活，激发学生的学习兴趣，通过 18 K 金引入合金的定义，知道生铁和钢等重要合金，以及合金比纯金属具有更广泛的用途。 让学生更直观地感受合金和组成它们的纯金属在硬度和熔点上的差异

续表

教学环节	教师活动	学生活动	设计意图
四、课堂总结、布置作业	【提问】 学完本节课，你对金属材料的了解增加了哪些新的内容呢？ 【作业】 请你根据本节课的知识，还可以上网查阅更多的资料，思考用来铸造硬币的金属材料需要具备什么条件	学生小结。 学生拓展	强化重点知识。让学生认识到化学与生活实际紧密相连，学会解决实际问题，培养化学核心素养

学习任务单

学习目标：

1.通过日常生活中广泛使用的金属材料等具体实例，认识金属材料与人类生活和社会发展的密切联系。

2.了解常见金属的物理性质，知道物质的性质在很大程度上决定了物质的用途，但同时还需考虑价格、资源以及废料是否易于回收等多种因素。

3.认识在金属中加热熔合某些金属或非金属可以制得合金，知道生铁和钢等重要合金，以及合金比纯金属具有更广泛的用途。

学习重点：

1.金属物理性质的共性和差异。

2.合金的优良性能。

学习难点：

1.如何合理选用金属材料。

2.合金与纯金属的性能差异。

学习任务：

【金属】

1.金属材料的使用历史

_____时代→ _____时代→ _____时代。

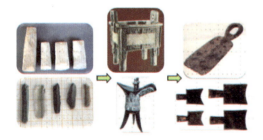

2.金属材料的种类：金属材料包括_____以及它们的_____。

3.金属的共性和用途

（1）金属有_____，可用作装饰品。

（2）有良好的_____性，如：铜丝用作电线。

（3）有良好的_____性，如：铁用作锅。

（4）有良好的_____性，如：铝箔用作包装纸。

4.金属的差异性

不同金属也有各自的特性，如导电性、导热性、密度、熔点、硬度等物理性质差别也较大。

（1）常温下金属一般为_____态（汞为液态）。

（2）大多数金属呈_____色（铜为_____色，金为_____色）。

【交流与讨论】

物理性质	物理性质比较						
导电性（以银的导电性为100作标准）	银	铜	金	铝	锌	铁	铅
	（优）100	99	74	61	27	17	7.9（良）
密度 /（g·cm⁻³）	金	铅	银	铜	铁	锌	铝
	（大）19.3	11.3	10.5	8.92	7.86	7.14	2.70（小）
熔点 /℃	钨	铁	铜	金	银	铝	锡
	（高）3410	1535	1083	1064	962	660	232（低）
硬度（以金刚石的大硬度为10作标准）	铬	铁	银	铜	金	铝	铅
	（大）9	4~5	2.5~4	2.5~3	2.5~3	2~2.9	1.5（小）

（1）菜刀、镰刀、锤子等用铁制而不用铝制的原因是什么？

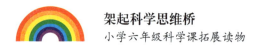

（2）银的导电性比铜好，为什么电线一般用铜制而不用银制？

（3）为什么白炽灯泡里的灯丝用钨制而不用锡制？如果用锡制会出现什么情况？

（4）为什么有的铁制品如水龙头表面要镀铬？如果镀金会怎么样？

【合金】

1. 合金的定义：在_____中加热熔合某些_____，制得的具有_____的物质。（混合物）

2. 铁常见的两种合金是_____和_____，二者的_____不同。

3. 日常生活中的合金还有哪些呢？

4. 合金的性质

（1）与纯金属相比，合金的硬度一般都比组成它们的纯金属更_____。

（2）合金的熔点一般都比组成它们的纯金属更_____。

（3）合金的耐腐蚀性一般比组成它们的纯金属更_____。

（4）合金的强度一般比组成它们的纯金属更_____。

第五节　溶液的认识

教学目标：

1.知识与技能

（1）认识溶解现象，形成溶液（溶剂、溶质）的概念。知道水是最常见的溶剂，酒精、汽油是常见的溶剂。

（2）了解溶液在生活、生产和科学研究中的广泛用途。

（3）知道乳浊液及乳化现象。

2.过程与方法

（1）让学生在实验探究中学习观察、记录、分析实验现象等方法。

（2）学习采用对比的方法解决问题。

3.情感态度与价值观

激发学生学习兴趣和探究意识，培养学生合作学习的能力和勇于创新的精神。

教学过程：

教学环节	教师活动	学生活动	设计意图
一、创设情境、引入新课	【引入】拔苗助长的故事。 【视频播放】某农场植物营养液。 【讲解】可见，植物离开土壤之后，也是可以成活的。 【展示】水培生菜营养液配方。 【提问】植物营养液是纯净物吗	观看视频。 思考，回答问题	故事引入，视频引入，用身边的真实故事引入新课，激发学生学习兴趣
二、溶液知识	【提问】 是不是所有的物质都能溶于水呢？ 【活动一】 小组分工合作，在试管中配制出不同的混合体系。 药品：泥沙、植物油、食盐、蔗糖、硫酸铜、水。 方案：在试管中配出 5 种不同的混合体系。 泥沙＋水　　植物油＋水　　食盐＋水 小半药匙泥沙和约 2 毫升水　1 滴管植物油和约 2 毫升水　小半药匙食盐和约 2 毫升水 蔗糖＋水　　硫酸铜＋水 小半药匙蔗糖和约 2 毫升水　小半药匙硫酸铜和约 2 毫升水 充分振荡每 1 支试管、静置，观察现象。（固体是否消失，液体是否透明？是否有颜色？静置是否分层？） 约 2 毫升的水	思考，回答问题。 小组分工合作，进行实验。	让学生观察不同物质混合后的现象，感受溶液的形成过程，初步认识溶液的特点。

架起科学思维桥
小学六年级科学课拓展读物

续表

教学环节	教师活动	学生活动	设计意图
	【实验汇报】 		沙子＋水	植物油＋水	食盐＋水	蔗糖＋水	硫酸铜＋水
---	---	---	---	---	---
现象					
基本特征					
结论					| 1. 小组代表描述实验现象。 2. 五种混合体系具备什么特征？ 【提问】 1. 观察硫酸铜溶液颜色深浅，是否各处相同？ 2. 食盐、蔗糖溶解后，固体和液体有出现分离现象吗？ 3. 溶液与浊液有什么区别和联系？	小组汇报实验	在实验中培养学生的动手操作能力，在讨论中培养学生的合作交流能力
	【引导】 物质在溶解过程中消失了吗？以蔗糖和食盐为例，从微观的角度想象蔗糖的溶解过程。 【动画展示】 利用课件展示蔗糖溶解的过程，帮助学生体会溶液、溶质和溶剂以及三者之间的关系。帮助学生理解溶液的特征。 【判断正误】 （1）凡是均一、稳定的液体都是溶液。（　　） （2）溶液一定是无色透明、均一、稳定的液体。（　　） （3）把食盐溶液倒掉一半后，变稀了。（　　） （4）在温度不变，水不蒸发的条件下，蔗糖溶液中蔗糖会从水中分离出来。（　　） 【板书】 1. 溶液的定义。 2. 溶液的特征。 3. 溶液的组成。 【活动二】 我会填 1. 填写表中溶液中的溶质和溶剂。 2. 对比各溶液中的溶质和溶剂，你发现哪些新信息？ | 溶液	溶质(溶解前的状态)	溶剂（状态）
---	---	---
食盐溶液		
医疗消毒用的高锰酸钾溶液		
医疗消毒用的碘酒		
75% 医用酒精溶液		
汽水				从微粒的角度了解溶液的形成过程，认识到物质在溶解的过程中以肉眼看不到的微粒分散到了水中。认识溶液的特征。 学生思考，作出判断。 聆听，理解后填写学案。 思考后填写。思考，得出溶质和溶剂的新信息 溶液组成：溶质（一种或多种）溶剂（水、酒精、汽油）固体、液体、气体 水是最常用的溶剂	通过对动画的直观感受，猜想、讨论、交流，并在教师的指导下，理解溶解的过程。 形成溶液的初步概念，归纳溶质和溶剂的定义。 通过分析生活中常见的溶液，得出溶质和溶剂的判断方法

232

续表

教学环节	教师活动	学生活动	设计意图
三、乳浊液和乳化现象	【演示实验】（无洗涤剂）（有洗涤剂） 【讲解】 洗涤剂能使植物油在无数细小的液滴，而不聚集成大的油珠，从而使油和水不再分层，所形成的乳浊液稳定性增强，这种现象叫作乳化现象。洗涤剂被称为乳化剂，具有乳化作用。 【提问】 生活中还有哪些地方用到了乳化原理	观察实验，描述实验现象。 倾听，理解。 结合生活经验，回答问题	通过对比实验，建立乳浊液和乳化现象的概念。 在生活中寻找乳化现象，学以致用，体会生活中处处有化学
四、小试牛刀	1.下列各组液体中，不属于溶液的是（　　）。 A.汽水　　　B.冰水共存物 C.稀盐酸　　　D.75%的酒精溶液 2.在一定温度下，将溶液密闭放置一段时间后，溶质将（　　）。 A.浮在水面　　B.沉在底部 C.浮在中间　　D.不会析出来 3.组成溶液的溶质（　　）。 A.只能是气体　　B.只能是液体 C.只能是固体　　D.可能是固体，也可能是液体或气体 4.餐具上的油污可以用加入洗涤剂的水洗掉，其原因是洗涤剂具有（　　）。 A.催化作用　　　B.乳化作用 C.吸附作用　　　D.还原作用	当堂测试	落实本节课的重点知识，增加学生学习的成就感

学习任务单

学习目标：

1.认识溶解现象，知道溶液、溶剂和溶质的概念。

2.知道一些常见的乳化现象。

3.了解溶液在生产、生活和科学研究中的广泛应用。

4.学会采用对比的方法解决问题，掌握在实验探究中学习观察、记录、分析实验现象的方法。

学习重点：认识溶液的形成过程。

学习难点：溶液的概念及溶液的形成过程、组成和特征。

学习任务：

1. 完成实验，填写表格

	沙子＋水	植物油＋水	食盐＋水	蔗糖＋水	硫酸铜＋水
现象					
基本特征					
结论					

2. 判断正误

（1）凡是均一、稳定的液体都是溶液。（　　　　）

（2）溶液一定是无色透明、均一、稳定的液体。（　　　　）

（3）把食盐溶液倒掉一半后，变稀了。（　　　　）

（4）在温度不变，水不蒸发的条件下，蔗糖溶液中蔗糖会从水中分离出来。（　　　　）

3. 溶液

（1）溶液的定义：一种或几种物质分散到另一种物质里，形成均一的、稳定的混合物。

（2）溶液的特征：_____、_____、_____。

（3）溶液的组成：_____。

4. 我会填

溶液	溶质	溶剂
食盐溶液		
医疗消毒用的高锰酸钾溶液		
医疗消毒用的碘酒		
体积分数为 75% 医用酒精溶液		
汽水		

5. 乳化现象

_____能使植物油在水中分散成无数细小的液滴，而不聚集成大的油珠，从而使油和水不再分层，所形成的乳浊液稳定性增强。乳化剂有_____的功能。

【小试牛刀】

1. 下列各组液体中，不属于溶液的是（   ）。

A. 汽水　　　　　　　　B. 冰水共存物

C. 稀盐酸　　　　　　　D. 75% 的酒精溶液

2. 在一定温度下，将溶液密闭放置一段时间后，溶质将（   ）。

A. 浮在水面　　　　　　B. 沉在底部

C. 浮在中间　　　　　　D. 不会析出来

3. 组成溶液的溶质（   ）。

A. 只能是气体　　　　　B. 只能是液体

C. 只能是固体　　　　　D. 可能是固体，也可能是液体或气体

4. 餐具上的油污可以用加入洗涤剂的水洗掉，其原因是洗涤剂具有（   ）。

A. 催化作用　　　　　　B. 乳化作用

C. 吸附作用　　　　　　D. 还原作用

第六节　生活中物质酸碱性、酸碱度的了解（第一课时）

教学目标：

1. 知识与技能

（1）初步学会自制酸碱指示剂，并用制得的指示剂检验溶液的酸碱性。

（2）认识指示剂（紫色石蕊溶液、无色酚酞溶液），了解它们遇到酸性溶液和碱性溶液的变色情况。

2. 过程与方法

通过对指示剂的制作体验探究过程，初步认识指示剂。

3. 情感态度与价值观

通过对波义耳发现酸碱指示剂史实的了解，培养学生崇尚科学的精神。通过介绍酸碱性与人体生理活动的关系，酸碱性与植物生产的关系，使学生了解酸碱性对人类的重要作用。

教学过程：

教学环节	教师活动	学生活动	设计意图
一、实验引入——动手制作紫甘蓝汁液指示剂	同学们知道怎么提取紫甘蓝的汁液吗？带领学生动手提取紫甘蓝汁液，并试验紫甘蓝的汁液在四种溶液中颜色的变化。 实验步骤： 1. 取紫甘蓝的叶片，在研钵中捣烂，加入少量酒精浸泡。 2. 用纱布将浸泡出的汁液挤出。 3. 试验紫甘蓝的汁液在四种溶液中的颜色变化	学生小组合作动手制作，并将紫甘蓝汁液分别滴入白醋、肥皂水、柠檬汁、苏打水溶液中，观察溶液颜色的变化	通过对指示剂的制作体验探究过程，初步认识指示剂。 简单了解生活中常见物质的酸碱性
二、认识常见的酸碱指示剂	【提出问题】讨论交流为什么紫甘蓝的汁液能显示不同的颜色？ 【小资料】酸碱指示剂：遇到显酸性或碱性的溶液，本身可显示不同颜色的物质，叫酸碱指示剂，简称指示剂。石蕊、酚酞是常用的指示剂。	学生阅读小资料并倾听教师讲解。	让学生了解化学实验常用的酸碱指示剂——紫色石蕊溶液和无色酚酞溶液。

教学环节	教师活动	学生活动	设计意图
	【提出问题】是不是从所有植物的花瓣（或果实）中提取的汁液都能用作代用指示剂呢？ 提供给学生三种花提取液的变色情况：大红花、紫罗兰、万寿菊。	学生观看表格，思考并填写表格。	
	【小资料】英国科学家波义耳在一次实验中不慎将浓盐酸溅到一束紫罗兰的花瓣上，喜爱花的他马上进行冲洗，一会儿却发现紫色的花瓣变红了。惊奇的他没有放过这一偶然的发现，而是进行了进一步的实验和思考。结果发现，许多种花瓣的浸出液遇到酸性溶液或碱性溶液都能变色，其中变色效果最好的是地衣类生物——石蕊，这就是最早使用的酸碱指示剂	学生阅读小资料	通过对波义耳发现酸碱指示剂史实的了解，培养学生崇尚科学的精神
三、酸碱性对人类的重要作用	【小资料】 酸碱性与人体的生理活动： 在正常的人体内，酸性与碱性物质总是保持一定的数量和比例，体液的酸碱度总是稳定在一定范围内，这称为酸碱平衡。酸碱平衡失调会影响人的健康。胃酸（主要成分是盐酸）能帮助消化食物，但如果胃酸过多，就会导致胃痛。剧烈运动时，肌肉里产生的乳酸过多，会导致肌肉酸痛。 酸碱性与植物的生长： 土壤的酸碱性强弱对植物的生长具有非常重要的意义。大多数的植物适宜在接近中性的土壤中生长。因此，农民应根据当地土壤的酸碱性，因地制宜，科学种田	学生阅读小资料	通过介绍酸碱性与人体生理活动的关系，酸碱性与植物生产的关系，让学生了解到酸碱性对人类的重要作用
四、总结	通过本节课的学习，你学到了什么？	学生回答	促进学生对本节课所学内容的掌握

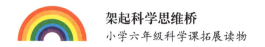
学习任务单

学习目标:

1.初步学会自制酸碱指示剂,并用制得的指示剂检验溶液的酸碱性。

2.认识指示剂(紫色石蕊溶液、无色酚酞溶液),了解它们遇到酸性溶液和碱性溶液的变色情况。

学习重点:指示剂的制作和指示剂的变色情况。

学习难点:指示剂的制作和选择。

学习任务:

【实验引入】

1.提供原料:紫甘蓝。

2.实验步骤:

(1)取紫甘蓝的叶片,在研钵中捣烂,加入少量酒精浸泡。

(2)用纱布将浸泡出的汁液挤出。

(3)试验指示剂在下列四种溶液中的颜色变化。

3.填写实验报告:

	在溶液中的颜色变化			
	白醋	肥皂水	柠檬汁	苏打水溶液
紫甘蓝汁液				

4.讨论交流:为什么紫甘蓝的汁液能显示不同的颜色?

【小资料】酸碱指示剂:遇到显酸性或碱性的溶液,本身可显示不同颜色的物质,叫酸碱指示剂,简称指示剂。石蕊、酚酞是常用的指示剂。

石蕊　　　酚酞

交流提升:是不是从所有植物的花瓣(或果实)中提取的汁液都用作代用指

示剂呢?

三种花的提取液实验（酒精用于提取花中的色素）

	酒精中颜色	酸溶液中颜色	碱溶液中颜色
大红花	粉红色	橙色	绿色
紫罗兰	紫色	红色	蓝色
万寿菊	黄色	黄色	黄色

（1）上表中能用作酸碱指示剂的花汁是_____。

（2）将厨房中少量白醋滴入大红花的花汁中，可以看到的现象是_____。

（3）若将紫罗兰提取液滴入氯化钠溶液中，则可以看到的现象是_____。

【小资料】

酸碱性与人体的生理活动

在正常的人体内，酸性与碱性物质总是保持一定的数量和比例，体液的酸碱度总是稳定在一定范围内，这称为酸碱平衡。酸碱平衡失调会影响人的健康。胃酸（主要成分是盐酸）能帮助消化食物，但如果胃酸过多，就会导致胃痛。剧烈运动时，肌肉里产生的乳酸过多，会导致肌肉酸痛。

酸碱性与植物的生长

土壤的酸碱性强弱对植物的生长具有非常重要的意义。大多数的植物适宜在接近中性的土壤中生长。因此，农民应根据当地土壤的酸碱性，因地制宜，科学种田。

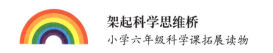

第七节 生活中物质酸碱性、酸碱度的了解（第二课时）

教学目标：

1. 知识与技能

（1）初步学会用 pH 试纸测定溶液的酸碱度。

（2）了解酸碱度在生活、生产中的重要意义。

2. 过程与方法

通过对 4 种溶液 pH 的检测，让学生掌握测定溶液 pH 的方法。

3. 情感态度与价值观

通过对检测溶液酸碱度的意义分析，增强学生的环保意识。

教学过程：

教学环节	教师活动	学生活动	设计意图
一、引入	用紫色石蕊溶液或酚酞溶液可以检验出某溶液的酸碱性，但能否比较两种溶液酸碱性的强弱呢？例如：食醋和柠檬汁都是酸性的，谁的酸性比较强呢？【教师讲解】柠檬汁、食醋酸性强弱不同，苏打水溶液和肥皂水的碱性强弱也不同。溶液的酸碱度常用 pH 来表示，pH 范围通常为 0~14 1 2 3 4 5 6 7 8 9 10 11 12 13 14 1 2 3 4 5 6 7 8 9 10 11 12 13 14 酸性增强　中性　碱性增强	学生倾听。 学生根据 pH 范围的图片，说出 pH 大于 7，溶液显碱性；pH 等于 7，溶液显中性；pH 小于 7，溶液显酸性	通过问题的引出，让学生知道溶液的酸性、碱性有强弱之分。 利用 pH 就可以检测出溶液的酸碱度
二、pH 试纸的使用方法及注意事项	向学生介绍 pH 试纸的使用方法：在玻璃片或白瓷板上放一小片 pH 试纸，用洁净干燥的玻璃棒蘸取待测溶液滴到 pH 试纸上，将试纸显示的颜色与标准比色卡比较，读出该溶液的 pH	学生聆听	通过教师的讲解和演示，了解 pH 试纸的使用方法，通过小组合作的方式，测试 4 种液体的 pH，让学生掌握测定溶液 pH 的方法

续表

教学环节	教师活动	学生活动	设计意图
	pH 试纸使用注意事项： 1. 不能直接把 pH 试纸伸入待测溶液中。 2. 不能先把试纸湿润，再测溶液的 pH	学生聆听，思考	
	【教师演示】测定柠檬汁的 pH	学生观看	
	试一试：小组合作，测出下列 4 种物质的 pH（食醋、果汁、肥皂水、唾液）	学生小组合作完成 4 种物质酸碱度的检测，并填写实验报告	
三、酸碱度的重要意义	1. 生活中常见物质的 pH。 2. 了解几种作物生长最适宜的 pH 范围	学生聆听	通过生活中常见物质的 pH 和农作物生长最适宜的 pH 范围，让学生体会酸碱度在生活中的重要意义
	溶液酸碱的重要意义： ①化工生产中许多反应必须在一定 pH 的溶液里才能进行。②在农业生产中，农作物一般适宜在 pH 为 7 或接近 7 的土壤中生长。③测定雨水的 pH，可以了解空气的污染情况。④测定人体内或排出的液体的 pH，可以了解人体的健康状况	学生聆听	了解溶液酸碱度的重要意义，增强学生的环保意识
四、总结	通过本节课的学习，你学到了什么？	学生回答	促进学生对本节课所学内容的掌握

学习任务单

学习目标：

1. 初步学会用 pH 试纸测定溶液的酸碱度。

2. 了解酸碱度在生活、生产中的重要意义。

学习重点：学会测定溶液 pH 的方法。

学习难点：测定溶液的 pH。

学习任务：

1.酸碱性强弱的表示方法——pH（酸碱度）

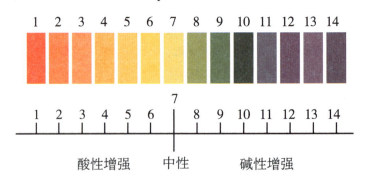

pH 的范围通常在_____之间。

pH____7 时，溶液呈中性。

pH____7 时，溶液呈酸性。

pH____7 时，溶液呈碱性。

测定 pH 最简便的方法：用 pH 试纸。

测定时，在洁净干燥的玻璃片或白瓷板上放一片 pH 试纸，用洁净干燥的玻璃棒蘸取待测溶液滴到 pH 试纸上，立即将试纸显示的颜色跟标准比色卡比较，即可读出该溶液的 pH。

标准比色卡

2.活动探究

用 pH 试纸测定下列物质的 pH。

物质	pH
食醋	
果汁	
肥皂水	
唾液	

生活中常见物质的 pH

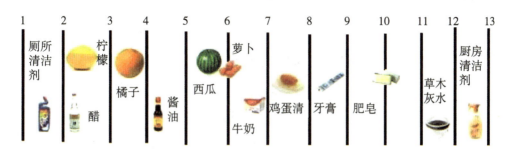

几种作物生长最适宜的 pH 范围

作物	pH	作物	pH
大麦	6.0 ~ 7.0	甘蓝	6.0 ~ 7.0
马铃薯	4.8 ~ 5.8	胡萝卜	5.3 ~ 6.3
豌豆	6.0 ~ 8.0	紫云英	6.0 ~ 7.0
花生	5.6 ~ 6.0	苕子	6.0 ~ 7.0
向日葵	6.0 ~ 8.0	松、栗	5.0 ~ 6.0
甜菜	6.0 ~ 8.0	桃、李	6.0 ~ 8.0
油菜	5.8 ~ 6.7	油桐、泡桐	6.0 ~ 8.0

第十七章　营养与健康

人类重要的营养物质

教学目标：

1. 知识与技能

（1）知道人类重要的营养物质包括蛋白质、糖类、油脂、维生素、无机盐和水。

（2）了解蛋白质、糖类、油脂、维生素与人体健康的关系。

（3）知道合理安排饮食的重要性。

2. 过程与方法

（1）通过自学、查阅资料获取相关信息，培养解决开放性题目的能力。

（2）根据所学知识，学习合理安排饮食、均衡营养的方法。

3. 情感态度与价值观

（1）学会用所学知识来解释生活中的问题，意识到化学与生活有着密切的关系。

（2）热爱生命，并养成良好的饮食习惯，以促使自己健康成长。

教学过程：

教学环节	教师活动	学生活动	设计意图
一、引入主题	【图片展示】 你了解这些常见的食物中所含的营养物质吗	学生思考并回答：糖类、油脂、蛋白质、维生素、无机盐和水	回顾生物已经学习过的六大基本营养素
二、自主学习、交流研讨	1. 蛋白质 阅读课文，思考下列问题。 （1）蛋白质对人的生理活动有什么重要作用？ （2）蛋白质的构成是怎样的？	学生自主学习，完成教师布置的任务并回答。	通过自学、查阅资料获取相关信息，培养学生解决开放性题目的能力。

教学环节	教师活动	学生活动	设计意图
	（3）蛋白质的种类有哪些？ （4）哪些食物中含有蛋白质？ 【教师讲解】（1）人体蛋白质的代谢过程。 （2）血红蛋白的构成和作用。 【讨论思考】用甲醛水溶液浸泡动物标本，使标本能长期保存，原因是什么？ 【教师讲解】蛋白质的变性。 【提出问题】新装修用的房屋中，甲醛的含量往往较高，过高甚至会造成人体中毒，怎么办呢	学生聆听。 学生聆听。 学生回答：居住前要开窗通风	学会用所学知识来解释生活中的问题，意识到化学与生活有着密切的关系。
	2. 糖类 请带着下列问题阅读课本，然后分组讨论。 （1）糖类对人体的生理活动有什么重要作用？ （2）糖类的组成是怎样的？ （3）糖类的种类有哪些？ （4）哪些食物中含有糖类？ 【讨论交流】葡萄糖的相关问题： （1）糖类一定有甜味吗？ （2）如果病人体弱多病不能吃饭，为维持生存，可以打点滴如_____；体育课上如果想要补充能量，可提前吃_____	学生自主学习，完成教师布置的任务并回答。 学生回答：不一定，如淀粉。 学生回答：葡萄糖、巧克力等	
	3. 油脂 请同学们看书，并思考下列问题。 （1）油脂对人体的生理活动有什么重要作用？ （2）油脂的组成是怎样的？ （3）油脂的种类有哪些？ （4）哪些食物中含有油脂？ 【教师讲解】人体对油脂的摄入量不能过多也不能过少。人体摄入油脂过多会妨碍肠胃的分泌及活动，引起消化不良，并且能引起肥胖症；人体摄入油脂过少会妨碍脂溶性维生素的吸收和发生皮肤干燥症。 【图片展示"熊"】冬眠的时候，熊不吃也不喝，靠什么提供能量呢？ 【知识拓展】食用脂肪的意义。 油脂是人体必需的一种营养物质，能为人体提供能量。在正常情况下，人每日需摄入 50~60 克油脂，它能供给人体日需能量的 20% ~ 25%，是重要的供能物质，	学生自主学习，完成老师布置的任务并回答。 学生聆听。 学生阅读，思考	热爱生命，并养成良好的饮食习惯，以促使自己健康成长。

续表

教学环节	教师活动	学生活动	设计意图
	同时它能促进脂溶性维生素的吸收,起到保护体内脏器的作用。因此每天应吃点含油脂的物质		
	4.维生素 请同学们看书,思考下列问题。 （1）维生素对人体的生理活动有什么重要作用? （2）维生素的种类有哪些? （3）如果人体缺乏维生素会造成什么后果? （4）哪些食物中含有维生素? 【讨论交流】黄瓜中含有多种营养成分,尤其是维生素C和维生素B的含量比西瓜高出1~5倍。已知高温时,维生素会被破坏,维生素C在酸性环境时较稳定。根据上述内容,你认为应如何合理地食用黄瓜? 【图片展示】 食物金字塔 脂肪和甜糖类的食品 奶制品　豆类、肉、蛋 蔬菜　水果 麦类、谷类和面包	学生自主学习,完成教师布置的任务并回答。 学生回答:因在酸性条件下,维生素C较稳定,因此食用黄瓜时可向其中加入少量的醋;高温时,黄瓜中的维生素损失较大,所以黄瓜不宜炒着吃,以凉拌为佳	培养学生根据所学知识,学习合理安排饮食、均衡营养的方法
三、学以致用	根据本节课所学知识完成下列各题。 1.下列各类食物中蛋白质含量最丰富的是(　　)。 A.水果　　　B.蔬菜 C.馒头和米饭　D.鱼和蛋 2.小明到医院检查完身体后,医生建议他多吃水果和蔬菜,医生让他补充的是(　　)。 A.水　　　　B.蛋白质 C.糖类　　　D.维生素 3.在体育锻炼中,消耗的能量主要来自于(　　)。 A.葡萄糖　　　B.蛋白质 C.脂肪　　　D.维生素	学生根据本节课所学知识完成教师布置的练习	通过习题巩固所学知识,让学生知道学习重要的营养物质对实际生活很有帮助

续表

教学环节	教师活动	学生活动	设计意图
	4.某饮料的配料表:纯净水、蔗糖、苹果汁、维生素 C、维生素 A、乳酸钙。此饮料不含有的营养素是(　　)。 A. 糖类　　　B. 维生素 C. 水　　　　D. 油脂 5.青少年时期应注意均衡营养,合理搭配膳食。某同学午餐食谱如下。主食:米饭;副食:豆腐、红烧肉。其中富含糖类的是_____,该同学还需要补充的食物是_____		

学习任务单

学习目标:

1.知道人类重要的营养物质包括蛋白质、糖类、油脂、维生素、无机盐和水。

2.了解蛋白质、糖类、油脂、维生素与人体健康的关系。

3.知道合理安排饮食的重要性。

学习重点:蛋白质、糖类、油脂、维生素的作用、构成、种类以及与人体健康的关系。

学习难点:蛋白质、糖类、油脂、维生素的作用、构成、种类。

学习任务:

1.你了解这些常见的食物中所含的营养物质吗?

2.总结人体所需的六大基本营养素:_____。

【自主学习，交流研讨】

1. 蛋白质

阅读课文，思考下列问题并填写表格。

（1）蛋白质对人的生理活动有什么重要作用？

（2）蛋白质的构成是怎样的？

（3）蛋白质的种类有哪些？

（4）哪些食物中含有蛋白质？

作用	
构成	
种类	
食物来源	

2. 糖类

阅读课文，思考下列问题并填写表格。

（1）糖类对人体的生理活动有什么重要作用？

（2）糖类的组成是怎样的？

（3）糖类的种类有哪些？

（4）哪些食物中含有糖类？

作用	
组成	
种类	
食物来源	

3. 油脂

阅读课文，思考下列问题并填写表格。

（1）油脂对人体的生理活动有什么重要作用？

（2）油脂的组成是怎样的？

（3）油脂的种类有哪些？

（4）哪些食物中含有油脂？

作用	
组成	
种类	
食物来源	

4.维生素

阅读课文，思考下列问题并填写表格。

（1）维生素对人体的生理活动有什么重要作用？

（2）维生素的种类有哪些？

（3）如果人体缺乏维生素会造成什么后果？

（4）哪些食物中含有维生素？

作用	
种类	
缺乏症	
食物来源	

【学以致用】

1.下列各类食物中蛋白质含量最丰富的是（　　　）。

A.水果　　　　　　B.蔬菜　　　　　C.馒头和米饭　　D.鱼和蛋

2.小明到医院检查完身体后，医生建议他多吃水果和蔬菜，医生让他补充的是（　　　）。

A.水　　　　　　　B.蛋白质　　　　　C.糖类　　　　　D.维生素

3.在体育锻炼中，消耗的能量主要来自（　　　）。

A.葡萄糖　　　　　B.蛋白质　　　　　C.脂肪　　　　　D.维生素

4.某饮料的配料表：纯净水、蔗糖、苹果汁、维生素C、维生素A、乳酸钙。此饮料不含有的营养素是（　　　）。

A.糖类　　　　　　B.维生素　　　　　C.水　　　　　　D.油脂

5.青少年时期应注意均衡营养，合理搭配膳食。某同学的午餐食谱如下主食：米饭；副食：豆腐、红烧肉。其中富含糖类的食物是_____，该同学还需要补充的食物是_____。

第十八章 科学故事会

第一节 中国古代科技成就

一、指南针的发明

　　谈到指南针，许多人都会联想到黄帝大战蚩尤的故事。但是实际上，故事中所提到的指南器具并非指南针，黄帝更非指南针的发明者。传说中的指南器具是指南车，指南车是利用齿轮让木车上木人的手指永远指向南方，完全和磁性无关，而指南针却是利用磁体的指极性制作的，两者是截然不同的事物。谈到指南针的起源就得上推至战国时代，当时有一种被称为"司南"的指南器具，它就是指南针的雏形。在战国时代，采玉的工人四处去采玉时，往往需要带着"司南"以帮忙指引方向。至于"司南"的形状、使用方法为何，依据东汉王充在《论衡》一书中的叙述，它应该是以一块天然的磁石仔细雕琢成勺子的形状，勺子的长柄指向南极，在雕琢过程中还需使勺子的重心位于底部中心，再加上由"四维"（即乾、坤、巽、艮）、"八干"（即今之天干）、"十二支"（即今之地支）组成二十四向而雕刻其上的底盘。其使用方法则是先把底盘放正，再把"司南"放上让其旋转，一旦"司南"停止转动，勺子的长柄所指之处就是南方。

　　指南针的发明并无确切的时间及发明者。在北宋曾公亮的《武经总要》中曾提及在行军时用"指南鱼"来帮助辨别方向，"指南鱼"是一片薄如鱼状的钢片，五分宽，两寸长，肚皮处有下凹，形状犹如小船，在经过磁化的步骤后，浮在水面就能辨别南北。指南针的发展主要归功于罗盘的出现。所谓的"罗盘"指的是磁针和方位盘的结合体，它又称为"罗经盘"，该罗盘在我国南宋时代就出现了，当时称为"地螺"。大约在12世纪末到13世纪初，我国的指南针传到阿拉伯，然后又由阿拉伯传入欧洲，后来在欧洲演变为旱罗盘，于明代时经日本传回我国。指南针对西方最大的影响莫过于西方开始海外大探险。当时西方国家已经有计划开始海外探险，以及加上天文、地理、造船和航海技术的配合，再加上罗盘的使用，因而促进西方国家开启一连串的海外探险。在各国竞相的向外发展下，新航线、新大陆逐一被发现，让欧洲人在短时间内看到了更多不同的事物与民族，进而促使欧洲人以客观的观察和比较的眼光来看待不同的民族与文化，是为指南针更深远的影响。

二、造纸术的发明

很久很久以前，文字是刻在甲骨上，或是刻在青铜器上的。后来，人们把文字刻在竹简上，再用皮带或者绳子把一片片竹简编连成册，就成了一册书。不过一片竹简上写不了几个字，现在写在一页纸上的字，用以前的竹简就要厚厚的一册。小孩子如果带书去上学，可能就要用大竹筐扛着。用竹简做的书不仅笨重还容易生虫，字迹也容易抹去。所以书一直是古代读书人的最大困扰。可见，古代人看书还真是个体力活。

大约在2 000多年前的西汉时期，有些人便开始使用一些较为便宜的植物纤维造纸，可这种纸看起来十分粗糙，书写起来仍然很不方便。到了东汉时期，有个叫蔡伦的宦官决心为人们寻找一种实用的造纸方法。

后来，宫里来了一个叫黄昌的工匠，老家是产蚕丝的江南。蔡伦找到他，说："我一直想知道，丝纸是怎么做出来的？"黄昌详细地告诉了他。从此以后，蔡伦就每天想办法用廉价的材料来替代蚕丝。有一天，蔡伦问黄昌，丝纸是蚕丝剩下的纤维吗？黄昌说："是一种很薄的纤维。"蔡伦想，如果用其他纤维来代替，是不是也能造出纸来呢？于是，他找来树叶、麻绳、渔网、破布等含有纤维的东西，将它们都放到大锅里煮，然后用石臼将其捣烂成浆状。之后，用漂白剂漂白，然后在席子上把浆铺成薄薄的一层，等干透了从席子上撕下来就是一张纸了。而且比原来的丝纸吸墨快，不容易散开。

蔡伦造纸成功后，全国各地开始大量制造、使用这种纸。直到现在，我们使用的宣纸、绵纸还用着当初蔡伦造纸的方法，只是现在用的材料已经变成了竹子、木材等。

蔡伦造的纸在全国各地流传开来，并陆续传到了国外。蔡伦造纸术最先传到了朝鲜和越南，然后传到了日本、阿拉伯等地，又从阿拉伯传到了欧洲。到了19世纪，

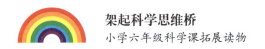

造纸术甚至传到了澳洲。就这样，造纸术被世界所接受。人们开始享受着造纸术带来的便利。

三、火药的发明

火药是一种黑色或棕色的炸药，由硝酸钾、木炭和硫黄机械混合而成，最初均制成粉末状，之后一般制成大小不同的颗粒状，可供不同用途之需，在采用无烟火药以前，一直用作军用发射药。火药的发明是由中国古代炼丹家长期炼丹制药的结果，距今已有 1 000 多年。火药的研究开始于古代的炼丹术，他们的实验方法有可取之处，最后促使火药的发明。火药的配方

古人在炼丹的过程中发明了火药。

由炼丹家传到军事家手里，就成为中国古代四大发明之一的火药了。

球状火药包扎在箭杆头附近，点着引线后，用弓箭将火药射出去烧伤敌人。或者将火药、毒药，再加上一些沥青、桐油等，做成毒球，点着后，用弓箭射出。到了宋朝，人们将火药装填在竹筒里，火药背后扎有细小的"定向棒"，点燃火管上的火硝，引起筒里的火药迅速燃烧，产生向前的推力，使之飞向敌阵爆炸，这就是世界上的第一种火药火箭。它与后续发明的火枪和枪，都是用竹管制成的原始管形火器，是近代枪炮的老祖宗。

欧洲人约在 13 世纪时才懂得黑火药的作用。经过数个世纪的发展与改良，主要是因为粒状火药和火帽等的发明，黑火药兵器才逐步取代冷兵器，在陆地战争战术、攻城筑城技术以及海军战列舰的发展和战术等各方面造成巨大的影响，而黑火药作为爆炸药和推进剂，一直到 19 世纪中后期才逐渐被无烟火药、三硝基甲苯、苦味酸、季戊炸药、旋风炸药等新发明的炸药所取代。

四、活字印刷术的发明

宋朝时候，雕版印刷大为盛行。雕版印刷的过程是这样的：先把木头锯成一块块大小一样的板子，使之平滑，然后在一张薄纸上写字，反贴在板子上，用刀雕刻使每个文字凸起来，再刷上墨，铺上纸，用软刷在纸上轻轻刷过，揭下来，纸上就有了白底黑字。一本书的字数自然是相当多的，所雕的板子也不止一块，每一块都照这种方法刷印成文。全部印刷工作完毕，一页一页地装订起来，就成了一本书。

当时，杭州西山有个号称"神刀王"的雕版师傅，刀下功夫远近闻名，有口皆碑。

许多人慕名前来拜师，"神刀王"一概不收。可他晚年的时候，却破格收下了一个平民出身的小徒弟——毕昇。这是为什么呢？原来，"神刀王"不但看中了毕昇那股灵巧劲儿，更喜欢他那忠厚、诚实的品行。

毕昇跟着"神刀王"一学就是几年，技艺大有长进。有一次，师傅雕刻晋代大书法家王羲之的《兰亭序》，让毕昇在一旁观察揣摩。谁知还剩下最后一行时，毕昇不小心碰到了师傅的手臂，把刀下的"之"字刻坏了。毕昇难过极了。晚上，他躺在床上，翻来覆去睡不着觉。他先是暗暗埋怨自己，后来又突然冒出一个念头：雕版印刷太麻烦了，能不能改一改呢？从那天起，他一有空就琢磨这件事。一天，他在西湖边散步，发现一个江湖画师正在往一幅风景画上盖图章，凑近仔细一看，发现那位画师竟把三枚图章串在了一起。毕昇颇有兴趣地看了一会儿，忽然猛一击掌，高兴地大叫起来："有办法了！有办法了！"毕昇一溜烟跑回住处，用胶泥做成一个一个方块，干了以后，刻上反字，一字一块；接着用火将这些活字烧硬，排列在特制的木格里；然后根据需要将活字排在铁框里固定好。这样就可以刷上墨印书了。采用活字印刷，既方便又节约。这种新技术很快就被推广到全世界。

中国古代在科技上取得了辉煌的成就，这些探索、发现和发明体现了古人的智慧和科学精神，也在很大程度上推动了世界文明的发展，我们为之自豪和骄傲。在中国近现代，中国更是涌现出一大批科技巨匠，他们为祖国的发展作出卓越的贡献，他们的爱国情怀和探索精神值得我们学习。你想了解他们的故事吗？欢迎继续阅读第二节：中国近现代科学家的卓越贡献。

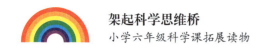

第二节　中国近现代科学家的卓越贡献

一、"中国航天之父"钱学森

钱学森（1911—2009），出生于上海，著名科学家，空气动力学家，中国载人航天奠基人，中国科学院学部委员、中国工程院院士，"两弹一星"功勋奖章获得者，被誉为"中国航天之父""中国自动化控制之父""中国导弹之父"和"火箭之王"。

1949年10月1日，中华人民共和国成立了，客居美国的钱学森心潮澎湃。他和夫人蒋英说："祖国已经解放了，我们该回去报效祖国了。"此时的钱学森已是世界著名的科学家，蒋英也在音乐界享有盛誉。为了拉拢他们，美国政府提供了十分优越的生活和工作条件。但回国的期盼，使他们毫不犹豫地放弃了这些优厚的条件。

1950年8月的某一天，钱学森和家人准备乘坐飞机离开美国。但是，美国政府以莫须有的罪名扣留了他并将他关押了起来。但钱学森仍一边继续研究，一边坚持斗争寻找机会回国。1955年5月，他从报纸上看到关于中国人民庆祝"五一"劳动节的报道，发现与他家有世交的陈叔通和毛泽东一起在天安门城楼检阅游行队伍的报道。于是他马上给陈叔通写了一封信，请求祖国帮助他回国，夹在其他的信件中悄悄地寄了出去。

陈叔通接到信后，立即就把信转交给了周恩来总理。当时，中美正在日内瓦举行会谈，周恩来总理指示王炳南大使与美方就此进行交涉。一开始，美方还否认扣留了任何中国公民，但当见到钱学森的信时，美方只能无奈地允许钱学森回国。

1955年秋，历经磨难的钱学森全家终于回到了祖国。第二天一早，他就带领全家人来到了天安门广场，激动地仰望着天安门和国旗。随即他经组织安排参观了新建的大学、研究所、新工厂和水电站等地。他深切感受到了党领导的中华人民共和国的伟大力量，更加坚定了报效祖国的信念。

1956年10月，国防部第五研究院正式成立。钱学森教授给刚来的一百多名大学生讲授《导弹概论》，着手培养中华人民共和国最早的火箭、导弹技术人才。1957年2月，钱学森任国防部第五研究院第一任院长。1960年，我国第一枚导弹研制成功，钱学森功不可没。在此之后钱学森又亲自主持我国"两弹结合"的技术攻关和试验工作，在1966年我国第一枚核导弹成功发射。1968年，钱学森又兼任了空间技术研究院第一任院长，负责人造卫星的研制和发射，于1970年我国第一颗人造地球卫星发射成功。

1958 年，钱学森郑重地向党组织提出入党申请。1959 年 1 月，经中国科学院党委批准，钱学森成为预备党员，并于当年 11 月转正。转正那天他心情激动，夜不能寐。此后，他以党员标准严格要求自己的言行，并且努力学习马克思主义理论。他在给朋友的信中写道："我近 30 年来，一直在学习马克思主义哲学，并一直试图用马克思主义哲学指导我的工作。马克思主义哲学无愧为人类智慧的源泉！"

1960 年左右，正是我国国防科技发展的关键时期，却遇到了三年困难时期，全国人民的生活都十分困难。为了保证科技专家能照常工作，党和国家想尽办法照顾他们。聂荣臻元帅还专门送去了一些肉，要给钱学森补充营养。一天，炊事员看见钱学森太过劳累，就为他做了碗红烧肉。没想到平时和蔼可亲的钱学森严肃批评道："你们知不知道，现在全国人民都生活困难，连毛主席、周总理都不吃肉了，居然给我做红烧肉，党性到哪里去了？"之后，钱学森还把自己刚出版的两部科学著作的稿费上交作为党费，和全国人民共渡难关。

钱学森一生获得了无数的荣誉，但他最看重的还是"优秀共产党员"的称号。1991 年 10 月，在国务院、中央军委召开的表彰大会上，授予了钱学森"国家杰出贡献科学家"荣誉称号和"一级英雄模范"奖章。钱学森发表讲话时说："我激动的是，我现在是劳动人民的一分子了，而且与劳动人民中最先进的分子连在一起了。"

钱学森经常深入地处沙漠戈壁的试验基地。那里自然条件极其恶劣，人民生活十分艰辛。钱学森始终思索着如何用科学改变那里的环境。1985 年左右，钱学森提出了发展沙产业的思想："沙产业就是在'不毛之地'发展农业生产。这又是一项尖端技术。"钱学森在 1994 年和 2001 年分别获得何梁何利基金奖、霍英东"科学成就终生奖"，奖金都为一百万港元。钱没到手他就直接捐给了沙漠治理事业。他说："我姓钱，但我不爱钱。"钱学森始终坚持"国为重，家为轻；科学最重，名利最轻"。钱学森还一直牵挂着祖国的发展，思考着创新人才的培养。他将学到的教育方法，将自己从事科学研究的体会，将中国许多著名科学家的成长经历，一一分享给身边的同事，奉献给社会，处处彰显了科学家博大的胸怀与对党和人民的无限忠诚。

二、"中国原子弹之父"邓稼先

邓稼先（1924—1986），出生于安徽。著名核物理学家，中国科学院院士，中国核武器研制工作的开拓者和奠基人。1941 年考入西南联合大学的物理系。1948 赴美留学，获得物理学博士学位，毕业当年毅然回国。回国后进入中国科学院工作。1956 年加入中国共产党。1963 年 2 月，参加并指导了核试验前的轰炸模拟试验；9 月，率领研究原子弹的原班人马，承担中国第一颗氢弹的理论设计任务。1972 年，任核

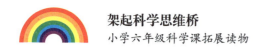

工业部第九研究院副院长。1979年，任核工业部第九研究院院长。

1924年，邓稼先出生于安徽省怀宁县，先后毕业于西南联合大学和美国普渡大学，获物理学博士学位；1950年回到祖国；他组织和领导我国核武器的研究、设计工作，是我国核武器理论研究工作的奠基人之一；无论是原子弹、氢弹原理的突破和试验成功及其武器化，还是新的核武器的重大原理突破和研制试验，邓稼先都功不可没；作为主要参加者、其成果曾获国家自然科学奖一等奖和国家科技进步奖特等奖；他被称为"中国原子弹之父"。

抱着学更多的本领以建设祖国的志向，邓稼先1948年秋进入美国的普渡大学研究生院学习。邓稼先成绩突出，仅用不足两年时间便学完课程并通过博士论文答辩。此时他年仅26岁，因此被人称作"娃娃博士"。取得学位第9天，邓稼先就毅然放弃优越的生活和工作条件，回到了祖国。1950年10月，邓稼先来到中国科学院近代物理研究所担任研究员。此后的8年里，他一直从事中国原子核理论的研究。1956年加入中国共产党。1958年秋天，二机部副部长找到他说国家要放一个"大炮仗"，询问他是否愿意参加这项必须严格保密的工作。邓稼先义无反顾地同意了，回家只对妻子说自己要调动工作，不能再照顾家人和孩子，通信也很困难。妻子明白，丈夫肯定是要投身对国家有重大意义的工作，当即表示坚决支持。从此，邓稼先的名字便在刊物和对外联络中消失了，他的身影只出现在严格警卫的深院和沙漠戈壁。任职二机部第九研究所理论部主任后，他挑选了一批大学生准备有关俄文的资料和原子弹模型。1959年6月，苏联终止了原有协议，中共中央下决心要自己动手搞出原子弹、氢弹和人造卫星。邓稼先任原子弹的理论设计负责人之后，一面指挥同事们分头研究计算，自己也带头攻关。在遇到一个苏联专家留下的核爆大气压的数字时，他在周光召的帮助下以严谨的计算推翻了原有结论，从而解决了关系中国原子弹试验成败的关键性难题。数学家华罗庚后来称，这是"集世界数学难题之大成"的成果。

邓稼先不仅在秘密科研院所里埋头苦干，还时常到飞沙走石的戈壁试验场。他冒着严寒酷暑，在试验场度过了8年的艰苦生活，曾经15次在现场领导核试验，掌握了大量的第一手资料。1964年10月，中国成功爆炸的第一颗原子弹，就是由他最后签字确定了设计方案。邓稼先还率领研究人员在试验后迅速进入爆炸现场采集样品，以证实效果。他又和于敏等人领导并参与投入对氢弹的研制和试验工作。按照"邓、于方案"最终制成了氢弹，并于原子弹爆炸后的2年零8个月试验成功。这与法国用8年零6个月、美国用7年零3个月、苏联用6年零3个月的时间相比，创造了世界上最快的速度。

邓小平曾说，如果没有原子弹、氢弹，没有发射卫星，中国就不能叫有重要影响的大国。

三、"中国第一代核潜艇总设计师"黄旭华

黄旭华，出生于广东。中国第一代攻击型核潜艇和战略导弹核潜艇总设计师。他开拓了中国核潜艇的研制领域，是"中国核潜艇之父"，2019年"共和国勋章"获得者。

20世纪，黄旭华在既没有外援、又没有资料，甚至没有计算机的情况下，开始研制中国的第一代核潜艇。黄旭华和他的团队创造了世界核潜艇研制中史无前例的速度：项目上马三年后开工，开工两年后核潜艇下水，下水四年后正式编入海军战斗序列。这使中国成为全球第五个拥有核潜艇的国家。

1958年，黄旭华进入核潜艇研制团队，经过长达30年的隐姓埋名，于1987年才解密他是我国第一代核潜艇总设计师，黄旭华终于实现了造船强国的梦想。

1958年，我国核潜艇项目立项。毕业于上海交通大学造船系的黄旭华被选中参加研究。中国没有制造核动力潜艇的任何经验。核潜艇技术异常复杂，仅配套系统和设备就成千上万。除了攻克难关，黄旭华和同事们别无选择，他们选择逐步地摸索向前。从一开始，黄旭华就选择了当时最先进的"水滴型"核动力潜艇艇型，这种艇型摩擦阻力小，在水下有很好的机动性和稳定性。要使设想变成现实，只有苦干。黄旭华带领同事们经过大量的计算和反复论证，仅用了3个月就提出5个弹道导弹核潜艇的艇型方案。方案出来后，黄旭华就一头扎进了上海交通大学的实验室。无法想象的是在没有计算机之前，研制核潜艇的许多关键数据竟然是用算盘计算的。为了保证数据准确，往往是两拨人同时算，结果要是不一致，两边都要重新算，直到结果相同为止。此外，黄旭华还用最实用的方法解决了许多尖端技术问题。例如如何掌握艇体和设备的精确质量，确保潜艇重心稳定？所有设备都要称重，这就是黄旭华找到的解决方法。"斤斤计较"使得排水量达4 000多吨的核潜艇在试潜、定重时的测试值和设计值完全吻合。1970年，我国第一艘核潜艇下水。当凝结了成千上万研制人员心血的核潜艇平稳地浮出水面时，黄旭华激动地流下了幸福的泪水，因为这是他和同事们呕心沥血突破了中国核潜艇从无到有的难关。

为了确定水滴型潜艇在水下的稳定性和机动性，黄旭华在实验室待了小半年。但实验用水池不到一百米长，有些实验根本无法完成。黄旭华提出，用人工增加截流的方式增大阻力。为此，黄旭华反复进行了各种试验。核潜艇只有静静地、深深地隐蔽在海里，才能形成真正的震慑力和战斗力。因此极限深潜试验，才是检验核潜艇战斗力的关键。

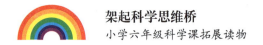

1988 年，核潜艇按设计极限在南海作极限深潜试验。大家都明白，这是一次非常重要的试验，也是最危险的一次试验。所有参试人员都明白，当时中国只有常规潜艇下潜经验，而核潜艇下潜要复杂且危险得多。深潜日期临近时，参试人员里有人唱起了歌曲《血染的风采》，"也许我告别，将不再回来；也许我的眼睛，再不能睁开……"。黄旭华心想，极限深潜试验的确具有危险性，如果大家背着沉重的思想包袱，执行深潜任务就会更加危险。黄旭华对大家说："这首歌很好听，我也喜欢唱。但这次我们要唱'雄赳赳，气昂昂，跨过鸭绿江，把实验数据成功拿回来。"黄旭华通过和战士们座谈，缓解大家的紧张情绪。他语气坚定地说："我要和大家一起参加极限深潜。"这句话立即感染了在场所有的人。

终于，极限深潜试验圆满成功了！中国创造了核潜艇下潜的新纪录，在这样的深度下，核潜艇的艇体结构和通信系统非常可靠，所有设备正常运转。黄旭华作为世界上第一位亲自参与核潜艇极限深潜试验的总设计师，即兴挥毫写下：花甲痴翁，志探龙宫，惊涛骇浪，乐在其中！

四、中国"天眼之父"南仁东

南仁东（1945—2017），出生于吉林辽源，中国天文学家、中国科学院国家天文台研究员，曾任 FAST 工程首席科学家兼总工程师，主要研究领域为射电天体物理和射电天文技术与方法，负责国家重大科技基础设施 500 米口径球面射电望远镜（FAST）的科学技术工作。2017 年 5 月，获得全国创新争先奖；2017 年 7 月，入选为 2017 年中国科学院院士增选初步候选人。

南仁东毕业于清华大学无线电系，所学专业为真空及超高频技术专业。毕业后的南仁东，被分配到了通化市的无线电厂工作。在他的带头下，厂里的 10 千瓦电视发射机研制成功。可以说从工作伊始，南仁东就表现出了过人的能力，而且他在工作中很讲求实事求是，领导制订的规划不合理，他也敢大胆地指正。

1978 年，想要深造的南仁东师从王绶琯攻读硕士研究生，后又顺利读完了博士。南仁东还到荷兰做了两年的访问学者，1990 年之后，他又在日本国立天文台担任客座教授。也正是在外国求学和教学期间，南仁东萌生了回国内建造射电望远镜的想法。1993 年，国际无线电科学联盟大会在东京召开。在那次大会上，在全球多位科学家都表示，在全球电波环境恶化之前，建造更灵敏的射电望远镜，才能接收更多来自外太空的信号。那时候，中国在这一学科领域是没有任何发言权的，国内的射电望远镜的口径只有 25 米。南仁东通过这场大会，深切地感受到了我国科学技术的落后，特别是在射电望远镜这方面。为此，他心中萌发了建造属于我国的大口径射电望远镜的想法，让我国也能拥有话语权。就因为内心的一个想法，南仁东放弃了国外的高薪和优越的环境，决心回国去实施自己的这个想法。可惜，不要说技术上的实施难度有多大，光是选址的问题，这么大口径的望远镜要放在哪里，就是一个头号难题。万事开头难，可他丝毫没打算放弃，承担了这项重大的科研项目之后，首先要解决的就是选址问题。南仁东把目光瞄向了西南地区，因为那里是喀斯特地貌，一些地表特征符合大口径射电望远镜的安放。有了初步的方向之后，从 1994 年开始，北京到贵州的火车上，就经常有了一个小个子、戴着眼镜和留着八字胡的身影。那时候的火车都还是绿皮火车，单程都需要两天两夜，可他就这样不辞辛苦地奔波着，只为寻找一处合适的选址。这一奔波就是 12 年，南仁东和他的团队先后在贵州的山里筛选出了 391 个比较合适的洼地。此后又经过一个个的剔除，最终确立了平塘县克度镇的大窝凼洼地最适合建造。那一年，南仁东正好 60 岁，老当益壮，他知道一切才刚刚开始。在外界看来，这就是在一个巨大的洼地里建造一个大锅，可事实上，背后是多个学科的牵扯，在建造的过程中，要涉及天文学、力学、工程学等几乎每个理工学科领域。再加上口径巨大，全世界以往都没有可以参考和借鉴的经验，一切宛如在黑暗中摸索前行，却不知道碰到的是刺还是墙。这一切对南仁东来说都是巨大的挑战。

　　在以往接受记者的采访中，南仁东曾表示，自己虽然是牵头人但却不是战略大师，不是说只要指明方向交给手下就可以了，很多事情都得他亲力亲为。术业有专攻，南仁东的专业虽是无线电方面，可是为了"天眼"的建造，在这前后 22 年的时间里，南仁东又学习了地质、水文、力学、测控等多个专业领域的知识。甚至在开始施工的时候，南仁东都能够准确地发现工程队的设计图纸中的一些细节错误。在工地上，很多人都记得南仁东说过的一句话："你以为我是天生什么都懂吗？其实我每天都在学。"凭借着这股精神和毅力，在南仁东的主持和带领下，中国"天眼"的建造才能克服一道又一道的艰难险阻。工程开工 3 年后，前期所准备的索网试验，在具体的施工中都失败了，这意味着又得寻找全新的办法才能继续施工。于是，南仁东带领团队再次攻关，每次失败就意味着新的开始，经过一百多次的失败之后，最终研制出了强度为 500 兆帕、抗 200 万次拉伸的钢索，索网问题得到了彻底的解决。类似的情况在施工建造的过程中比比皆是，南仁东作为牵头人，一次次带领团队趟过了一条条的激流，马上就要到达彼岸了。2015 年，南仁东迎来了 70 岁生日，"天眼"工程也接近收尾，到了关键的时刻，南仁东依旧每天奔波在现场。就在这一年，南仁东查出了肺癌，而且还是晚期。奋斗了二十多年，成功在望，南仁东决心要亲自见证这份喜悦。所以，他向家人、朋友和同事们隐瞒了病情。在工程的收尾阶段，南仁东依旧是十分专注，紧盯着任何一处细节。2016 年 9 月 15 日，我国的 500 米口径球面射电望远镜，终于建成落幕。奔波了 22 年的南仁东总算可以喘口气了，然而，

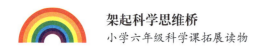

病情已经不给他这个机会了。在接下来的一年时间里，南仁东是在病床上度过的。而他所牵头建造的"天眼"也开启了调试和运行。虽然病情最终击倒了南仁东，但是对一个奔波一生的科学家来说，能够亲眼看到自己主持和牵头的"天眼"成功运行，也算是此生无憾了。"天眼"落成之后，它先后发现了近200颗优质脉冲星候选体，并且还第一次捕捉到重复爆发的快速射电暴，对于未来天文学的发展以及对宇宙的探索，"天眼"将发挥巨大的优势作用。

为了表彰南仁东的突出贡献，2018年，天空中多了一颗"南仁东星"，这是国家天文台以一颗国际永久编号的小行星命名的。夜幕中的那颗星，将一直守护着南仁东的赤子之心。南仁东虽然走了，但是天眼已经"睁开"，它将成为南仁东新的眼睛，代替他仰望星空。

五、"我国制碱工业的先驱"侯德榜

侯德榜（1890—1974），字致本，名启荣，生于福建闽侯，著名科学家，杰出化学家，侯氏制碱法的创始人，世界制碱业的权威。

1913年，侯德榜被保送到美国麻省理工学院化工科学习。1917年毕业，获学士学位，然后又到普拉特专科学院学习制革并获制革化学师文凭。1918年参与哥伦比亚大学研究院研究制革，1919年获硕士学位，1921年获博士学位。同年，正在美国留学的侯德榜先生为了发展我国的民族工业，应爱国实业家范旭东先生之邀毅然回国，潜心研究制碱方法。他带领广大职工经过长期的艰苦努力，解决了一系列技术难题，于1926年取得成功，正常生产出优质纯碱。同年8月，在美国费城万国博览会上，永利的红三角牌纯碱被授予金质奖章。在成功狙击卜内门的价格战之后，永利真正打破了洋碱的垄断。1937年，日本帝国主义发动了侵华战争，他们看中了南京的硫酸铵厂，想收买侯德榜，但是却遭到侯德榜的严正拒绝。为了不使工厂遭受破坏，他决定把工厂迁到四川。制碱的主要原料是食盐，而四川的盐都是井盐，要用竹筒从很深很深的井底一桶一桶吊出来，再经过浓缩才能成为原料，这样制食盐的成本就高了。再加上索尔维制碱法的致命缺点是食盐利用率不高，将有三分之一的食盐会被白白地浪费掉，侯德榜决定不用索尔维制碱法，而另辟新路。他设计了好多方案，但是最后都被推翻了。后来他想到，能否把索尔维制碱法和合成氨法结合起来。这样氯化铵既可作为化工原料，又可以作为化肥，还可以大大提高食盐的利用率，同时又省去许多设备，如石灰窑、蒸氨塔等。

设想有了，侯德榜又带领技术人员，做起了实验，直到进行了500多次试验，分析了2000多个样品，才把试验搞成功，使设想成为现实。此法是氨碱法的重大改革，

利用合成氨系统排出的二氧化碳，可以省去庞大、耗能的石灰窑，也可以取消氨碱法中所用的蒸馏设备，同时获得两种工农业需要的产品——纯碱和氯化铵。这个制碱新方法被命名为"联合制碱法"，又称侯氏制碱法，它的优越性大大超过了索尔维制碱法，从而开创了世界制碱工业的新纪元。

1945年，日本侵略者投降不久，侯德榜立即组织恢复永利塘沽碱厂与南京铔厂的生产。1947年，侯德榜先后5次赴印度指导改进制碱公司的设备和技术，使制碱公司正常运转，生产出优质纯碱，大大促进了中印两国友谊。

1957年，为发展中国的小化肥工业，侯德榜倡议用碳化法制取碳酸氢铵，他亲自带队到上海化工研究院，使碳化法氮肥生产新流程获得成功。1962年联合制碱新工艺实现了工业化，成为中国生产纯碱和化肥的主要方法之一。1972年以后，侯德榜在日渐病重，行动不便的情况下，仍多次要求下厂视察，帮助解决技术问题，呕心沥血，直至生命的最后一息，为了祖国的化工事业奋斗终生。侯德榜为纯碱和氮肥工业技术的发展作出了杰出的贡献，受到各国人民的尊敬和爱戴。

六、屠呦呦与青蒿素的化学研究

屠呦呦，中共党员，药学家，浙江宁波人。1951年考入北京大学医学院药学系生药专业。1955年毕业于北京医学院（今北京大学医学部）。毕业后接受中医培训两年半，并一直在中国中医研究院（2005年更名为中国中医科学院）工作，期间晋升为硕士生导师、博士生导师。现为中国中医科学院首席科学家，终身研究员兼首席研究员，青蒿素研究开发中心主任，博士生导师，"共和国勋章"获得者。多年从事中药和中西药结合研究，突出贡献是创制新型抗疟药青蒿素和双氢青蒿素。

1969年1月开始，屠呦呦领导课题组从系统收集整理历代医籍、本草、民间方药入手，在收集2 000余方药基础上，编写了640种药物为主的《抗疟单验方集》，对其中的200多种中药开展实验研究，历经380多次失败，利用现代医学和方法进行分析研究，不断改进提取方法。

1972年，屠呦呦和她的同事在青蒿中提取到一种分子式为$C_{15}H_{22}O_5$的无色结晶体，一种熔点为156℃ ~ 157℃的活性成分，他们将这种无色的结晶体物质命名为青蒿素。青蒿素为具有"高效、速效、低毒"优点的新结构类型抗疟药，对各型疟疾特别是抗性疟有特效。

由于自然界中天然青蒿素的资源是有限的，接下来就要把自然界的分子通过人工合成制成药物。经研究，明确青蒿素结构中的过氧基团是主要抗疟活性基团，在保留过氧基团的前提下，羰基还原为羟基可以增效，为国内外开展青蒿素衍生物的

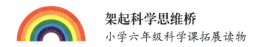

研究打开了局面。1973 年，屠呦呦合成了双氢青蒿素，以证实其羟（基）氢氧基族的化学结构，它也具有抗疟的疗效，并且更加稳定，水溶性好，比青蒿素的疗效好 10 倍，进一步体现了青蒿素类药物"高效、速效、低毒"的特点。

青蒿素结构简式

（分子式：$C_{15}H_{22}O_5$）

双氢青蒿素结构简式

（分子式：$C_{15}H_{24}O_5$）

1979 年，屠呦呦获"国家发明奖"。1981 年 10 月，在北京召开了由世界卫生组织等主办的国际青蒿素会议上，屠呦呦以首席发言人的身份作《青蒿素的化学研究》的报告，获得高度评价，认为"青蒿素的发现不仅增加一个抗疟疾新药，更重要的意义还在于发现这一新化合物的独特化学结构，它将为合成设计新药指出方向"。1986 年，青蒿素获得了一类新药证书（86 卫药证字 X-01 号）。

2011 年 9 月，因发现青蒿素——一种用于治疗疟疾的药物，挽救了全球特别是发展中国家数百万人的生命，屠呦呦获得拉斯克奖和葛兰素史克中国研发中心"生命科学杰出成就奖"。2015 年 10 月，屠呦呦获得诺贝尔生理学或医学奖，理由是她发现了青蒿素，该药品可以有效降低疟疾患者的死亡率。她成为首获科学类诺贝尔奖的中国人，第一位获诺贝尔科学奖项的中国本土科学家。诺贝尔科学奖项是中国医学界迄今为止获得的最高奖项，也是中医药成果获得的最高奖项。

以屠呦呦为代表的杰出科研人员不仅是中医药界的骄傲，而且是整个科技界的骄傲。屠呦呦的研发对人类的生命健康贡献突出，为科研人员打开了一扇崭新的窗户。不论是从学术上还是生活上都是一个很了不起的人。作为获奖人，她的经历是独一无二的。屠呦呦为青蒿素治疗人类疟疾奠定了最重要的基础，得到国家和世界卫生组织的大力推广，挽救了全球范围特别是广大发展中国家数以百万计疟疾患者的生命，为人类治疗和控制这一重大寄生虫类传染病作出了革命性的贡献，也成为用科学方法促进中医药传承创新并走向世界最辉煌的范例。屠呦呦获奖是我国科技实力、综合国力和国际竞争力的一个举世公认的标志性成果，和国家的和平发展和人类的和平发展事业紧密相连。屠呦呦获诺贝尔奖是空前的，但也一定不是绝后的，随着民族复兴中国梦的逐步实现，相信今后会有更多中国科学家的优秀成果得到国际学术界的认可和尊重。

七、张青莲与相对原子质量的测定

张青莲（1908—2006），出生于江苏省苏州市常熟县，无机化学家、教育家，中国科学院学部委员，北京大学化学与分子工程学院教授。

张青莲 14 岁时考入苏州桃坞中学（圣约翰大学附属中学）。1926 年，高中毕业时放弃圣约翰大学免费入学的机会而考入光华大学化学系。1930 年，获理学学士学位，毕业时以第一名的成绩获得银杯奖。1931 年，考取清华大学研究生院的无机化学专业并于 1934 年毕业，获得公费出国留学的机会；同年秋天，进入德国柏林大学物理化学系。1936 年之后，张青莲的导师李森菲尔特被迫离开德国到瑞典皇家科学院物理化学研究所工作，张青莲随同去瑞典作访问学者，共同工作了一年。1937 年，张青莲在瑞典时被中央研究院化学研究所所长庄长恭聘为副研究员；7 月，张青莲辗转回到上海。由于是日本侵华战争初期，化学所被迫停止工作，张青莲借用位于租界的光华大学的实验室，进行多种络合物合成的研究。1952 年，由于高等学校院系调整，张青莲任教育部课程改革委员会化学组副组长。1955 年，张青莲当选为中国科学院数理化学部委员，在学部成立大会上，张青莲等受到周恩来总理的接见。1972 年，张青莲参加珠穆朗玛峰地区综合科学考察会议（兰州），提出峰顶区雪水中氢氧同位素分布的报告。1975 年，张青莲参加第一届全国同位素地质学会议（贵阳），提出天然水中氢氧同位素分布及分析的报告。1981 年，张青莲改任中国科学院化学学部委员兼常委、学部副主任，参加学部有关国家重大科技问题的咨询工作。张青莲教授是我国参加国际纯粹与应用化学联合会学术会议的代表，并于 1983 年被原子量与同位素丰度委员会选为衔称委员（即常务委员），他是我国第一位获此荣誉的科学家。在这个时候他产生了测定相对原子质量新值的打算，并于 20 世纪 80 年代后期启动了这个研究课题。在张青莲领导下的科研组，历时 12 年，先后测定了铟、铱、锑、铕、铈、铒、锗、镝、锌的相对原子质量，被国际纯粹与应用化学联合会原子量与同位素丰度委员会正式确定为相对原子质量的国际新标准。

张青莲对同位素化学造诣尤深，是中国稳定同位素学科的奠基人和开拓者，对中国重水和锂同位素的开发和生产起到了重要作用。1985 年，中国化学会为张青莲举行了从事化学工作五十年的祝贺会。张青莲是一位杰出的化学家、教育家，为人类科学事业作出了巨大贡献。在他严谨、不平凡的心灵深处，有一个战胜伤痛、排除干扰、大彻大悟的精神"平台"——淡泊名利和知足常乐，在这个健康的人格修养"平台"上，他几十年如一日默默地耕耘，在教学与科研领域里成就卓著。

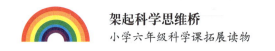

第三节　对未来生活的美好展望

　　生活在今天这个时代，我们是幸福的。科技服务于我们生活的方方面面，网络使通信无比便捷，通过网络我们可以和远在千里之外的亲人实时联系，我们可以在家里学习想了解的知识。先进医疗技术的发明和先进医疗设备的应用使人们逐渐攻克各种疑难杂症，更具疗效的新药物为人的生命保驾护航。更加环保、可持续发展的理念，在提高人们物质生活和国家经济发展水平的同时，为我们保留了绿水青山。

　　我们正处在一个科学技术飞速发展的时代，科技带来的变革使我们的生活日新月异。在未来，5G技术、人工智能大数据、生命科学、航空航天、新材料、高速磁浮列车、高温超导以及纳米技术等这一系列科学技术的发展必将大大改变我们的生活。未来的生活会是怎样的呢？

　　请同学们查阅相关资料，展开想象，描绘一下未来的美好生活，并以"科技与未来"为题写一篇作文。